Ch. de Vincenti

Der Roman eines Gefolterten

Ch. de Vincenti

Der Roman eines Gefolterten

ISBN/EAN: 9783744608411

Hergestellt in Europa, USA, Kanada, Australien, Japan

Cover: Foto ©Thomas Meinert / pixelio.de

Weitere Bücher finden Sie auf **www.hansebooks.com**

Der

Roman eines Gefolterten.

Aus den Sclabentagen Siciliens

von

Ch. de Vincenti.

Das Recht der Uebersetzung ist vorbehalten.

Berlin, 1870.

Druck und Verlag von Otto Janke.

La segreta.

Frühling ist's in Palermo. Der Christ ist auf=
erstanden und es blüht das Land vom Pilgerberg bis
zu Bagarias Zauberhügeln. Aus Blumen lächeln die
Madonnen und durch die Tempelhallen zieh'n wunder=
milde Düfte. Kreuze schimmern, Banner blitzen, Psal=
men rauschen aus den fluthenden Processionen und
hoch herab schauen weihrauchmüde, gelangweilte Hei=
ligenstatuen auf den Priestertroß und seine ewige
Psalmodei.

Der Abend sinkt und durch den Sarazenbogen
der spitzthürmigen Porta Nuova bricht Fackelschein,
hell klingt das Glöcklein, „Miserere mei, Deus" meckert
ein brauner Kapuzinerchor und eine Leichensänftenreihe
zieht auf der Straße nach Corleone hin.

Vor dem großen Kapuzinerkloster machen sie Halt

und stoßen ihre Fackeln zur Erde, daß sie knisternd verlöschen.

Stille ist's; der Trauerpsalm ist erstorben und leise nur murmelt's unter den nickenden Kapuzen — ein Gebet . . . . da klingt's ganz in der Nähe aus einem der Wundergärten, süß verlockend, sirenenmächtig und bebt und schauert durch Harfensaiten und schwillt zu einer wunderbaren Töneflutß.

Und die Mönche beben und schauern und lauschen der crystallhellen Frauenstimme, die der stillen Frühlingsnacht klagt:

Jo t'amo, tu lo sai,
Ma tu non pensi a me.

Auf springen jetzt die Klosterthore und hoch gehobene Lichter erglänzen im gothischen Thürbogenrahmen. Die Braunkutten packen die Sänften aus und der Todte hält seinen Einzug mit seinem Hofstaat von Leibtragenden und Leichentrabanten.

Schon verschwindet der Troß nach innen und noch steht draußen ein Mann, bildsäulenstarr, wie festgebannt, weltvergessen . . . immer tönt und lockt des Weibes Stimme und er lauscht und lauscht, als wär' es Sterneklingen.

Der breite, bis zum Gürtel fallende Bruststreif

verräth den Kapuzinernovizen, ein Kruzifix hängt in
der schlaffen Hand.... Da raunt dem Horchenden
eine zornentbrannte Stimme in's Ohr:

„Bruder Ruggiero, was ficht Euch an?"

Er schreckt auf und sein Blick fällt auf die mond-
helle Glatze des hochehrwürdigen Pater's Eusebio, des
Kapuzinerguardian's. Purpurroth fliegt's über das
Gesicht des jungen Novizen und gesenkten Auges
folgt er dem alten Mönche, leise vor sich hinmurmelnd:

„Herr habe Erbarmen mit mir." ....

Ein Herr sitzt mitten im Chor der Klosterkirche
auf einem bequemen Fauteuil, feingeputzt, frischge-
schminkt, glattrasirt, selbstzufrieden. — Zwei schnee-
weiße Hände kreuzen die ordenfunkelnde Brust, das
tadellos frisirte Haupt lehnt sanft, behaglich, wie siesta-
schlummernd gen rückwärts auf einem wappengestickten
Seidenpolster. Nie hatte der hochgeborne Graf von
Santa Lucia so wohl ausgesehen, als eben heute. ....
Die Ewigkeitstoilette stand ihm vortrefflich; es war
ein frischer, rosiger, hübscher Todter, unheimlich
lebensbewußt beinahe mit seinem steinernen Lächeln
und den halbgeschlossenen Augen.

Ringsum im Halbkreise psalmodiren die Kapuziner, schlaftrunken, automatisch. ....

!*

„De profundis clamavi ad te, Domine" . . .
fiſtelte die Caſtratenſtimme des feiſten Guardian's zu
Häupten des Todten, und zu ſeinen Füßen knieend
flüſterte Don Ruggiero, der Novize, mit überſtrömen-
dem Antlitze:

„Domine, exaudi vocem meam."

Zerknirſcht zerſchlugen ſich die Condolenzbefliſſenen
die Bruſt und gähnten, als wollten ſie die geweihten
Brode verſchlingen.

Genug! Die Choralſänger ſind heiſer und müde.
Man ſteigt die dreißig Stufen zu den Katakomben
hinab, wo rechts vom mittleren Tonnengewölbe die
palermitaniſche Ariſtokratie ihre Ewigkeitslogen für
das große Schauſpiel am Tage der Ausgleichung ge-
miethet hat, das als Benefice=Vorſtellung der Armen
im Geiſte gegeben werden ſoll.

Der Kryſtallſarg ſteht auf dem reichgemalten Un-
tergeſtell und die abgeſchiedene Excellenz wandert in
die Trocknungskammer zur Vorbereitung für die ewige
Conſervirung.

Einer nur läßt ihm die müden Augen zu, es iſt
der Novize Don Ruggiero, der jüngere Sohn des
Dahingegangenen.

Indeß begegnen ſich oben an der rothporphyrnen

Weihwassermuschel zwei Hände mit einem Tropfen
gebenedeiten Wassers und eine Stimme flüstert:

„Donna Chiara, miserere mei —‘‘
und zwei Blicke treffen sich in einem Funken geheimer
Leidenschaft. . . . .

Ein stattlich schönes Paar ist's: Don Alfonso
von Santa Lucia, der ältere Sohn, der lachende Erbe,
und Donna Chiara, seine stolze Cousine. Draußen
bei der vergoldeten Sänfte des lachenden Erben ist's
ein Flüstern und Raunen zwischen dem jungen Herrn
und dem alten Kapuzinerguardian; der Eine lächelt
herablassend, der Andere grinst verbindlich und die
Tragchaise wird gehoben.

In der einsamen, nackten Zelle wacht Don Ruggiero,
der Enterbte, das Haupt in den Händen und weint. —

Der Pater Novizenmeister trat des frühen Morgens in die Zelle Don Ruggiero's.

„O crux, ave,‘‘ schnarrte der unsaubere Kapuziner, vor dem Holzcruzifixe an der Wand automatisch
in's Knie zusammenknickend.

„Spes unica,‘‘ antwortete zerstreut der Novize,
sich erhebend.

„Der Riverendissimo Padre Guardiano läßt Euch
zu sich entbieten, Bruder Ruggiero.‘‘

Der Guardian kündigte dem Novizen in Gegenwart des im Ordenskapitel versammelten Convents an, daß am nächsten Tage die Ceremonie seiner feierlichen Einkleidung stattfinden werde, also laute der letzte Wille seines verstorbenen Vaters, des Grafen von Santa Lucia. Eine positive, klar formulirte Weigerung war die Antwort des Novizen. Alles Zureden und Drängen war umsonst, Don Ruggiero blieb unbeugsam.

„Euer Wille geschehe!" schloß der Pater Guardian mit einem seltsamen Lächeln, und schweigend ging der Convent aus einander. — —

Tiefe Stille lagert auf dem weitläufigen Gebäu und seinen einsamen Gärten. Unter den massiven Bogengängen des Kreuzganges sind längst die Lampen verlöscht, nur durch die hohen Rundbogenfenster der Kirche bricht hie und da der Glühschein einer ewigwachen Ampel, ruhelos wie das Auge des Herrn, das nimmer schläft. Eine Zelle öffnet sich leise und vorsichtig, eine Gestalt schleicht nach der Thüre, die zum Kreuzgange führt. Hier rechts am Eingange in einem kleinen Anbau befindet sich die Zelle des Bruder Pförtner's, der den Schlüssel zum Klostergarten unter seiner Verwahrung hat. Die Gestalt trat heraus. Die Nacht war sternhell, droben hing die bleiche Neumondsichel

am Strahlengürtel Orions. In den Bogennischen
schienen sich die uralten Heiligengemälde in ihren ver-
räucherten Rahmen zu regen, die Tausende von frommen Denkversen und Inschriften, welche die Seiten-
wände über und über bedecken, schienen wie eine Legion
unheimlicher Insekten zu wimmeln, und die Kreuze,
die hie und da ihre dunklen Arme auf den weißge-
tünchten Pfeilern ausrecken, wuchsen und wuchsen zu
einer drohenden Größe an. —

Zitternd öffnet der nächtliche Spaziergänger die
Thüre der Pförtnerzelle. Ein Lämpchen liegt neben
dem Kapuziner in den letzten Zügen. In den gefalteten Händen des Eingeschlummerten bebt der Strick
der Allarmglocke zu seinen Häupten . . . . eine Bewegung, ein Geräusch, und das nächtliche Signal
scheucht die Schläfer aus ihren Zellen. . . . Ein ra-
scher Griff, und ein gewichtiger Schlüssel ist in der
Hand Don Ruggiero's! Mit laut pochendem Herzen be-
tritt der Novize den Garten. Beflügelten Fußes eilt er
nach der Westseite, dessen hohe Terrasse auf den Park
der Villa des Grafen Montina hinausgeht. Von
schwindelnder Höhe taucht das Auge Don Ruggiero's
hinab auf die große Stadt, die mit ihren mächtigen Ar-
chitekturlinien, Palastmassen und Kuppeltempeln, an

jene babylonischen Städte erinnern mochte, welche
einige Maler geträumt haben. Krampfhaft preßt der
Novize die beiden Hände auf das Herz; sein Herz
will zerspringen . . . . dort unten winkt die Freiheit,
das Leben! . . . . und doch zaudert er und lauscht
athemlos . . . . war's nicht hier, wo gestern erst die
Zauberstimme des Weibes erklang?! . . . .

Die Gartenmauer des Kapuzinerklosters läuft links
von der hochgelegenen Terrasse in sanftem Abfalle gen
Süden, jenseits das große, öde Terrain des Cubagartens
begränzend. Hier, auf der baufälligen Zinnenkrönung
fortkletternd, hoffte der Novize den Theil der Mauer
zu erreichen, wo sich jenseits eine Reihe hoher Pinien
hinzieht. Konnte er einen dieser Bäume erreichen,
so war er gerettet. Er begann seine halsbrecherische
Kletterpartie mit der größten Vorsicht; hie und da
glitt unter seiner Hand ein zerbröckelnder Stein, der
dumpf und schwer hinabfiel. Schon hatte er die eine
Hälfte seiner gefährlichen Reise zurückgelegt, als plötz=
lich aus der Tiefe des Gartens der Villa Montina
eine weibliche Stimme ertönte:

„Gelsomina, Gelsomina, wo bist Du?" . . . . .

Keine Antwort folgte dem ängstlichen Rufe. . . . .
Plötzlich war's ein furchtbarer Schrei, ein Schrei um

Hülfe, der in die Nacht hinausgellte. . . . Don Rug=
giero wankte auf den Zinnen der hohen Mauer . . . .
bis in die Tiefe seines Herzens war der Schrei ge=
drungen, der Schrei eines Weibes. . . . Wie ein
Trunkener stand er, unbewußt seiner gefährlichen Stel=
lung . . . . da war's ihm, als glitten zwei Schatten
die Gartenmauer der Villa herab, eine Bürde auf
dem Rücken; der schon umnachtete Blick glaubte wal=
lende Frauengewänder — unheilvolle Gesichter zu
schauen. . . . Instinktmäßig wollte sich der Novize
den Räubern entgegenstürzen, seine Füße glitten aus,
einen Augenblick taumelte er zwischen Himmel und
Erde, wie ein angerufener Nachtwandler, dann stürzte
er kopfüber von der hohen Mauer in den Kloster=
garten hinab. — —

In der Tiefe des westlichen Kreuzganges, ganz
verborgen in einer Mauervertiefung, liegt ein läng=
licher Denkstein aus gelbem Marmor mit dem Kloster=
wappen aus getriebenem Kupfer darauf. Er trägt die
Jahreszahl 1622, in welchem Jahre die Klostercata=
comben vollendet wurden. Nach diesem Steine schritten
eine Stunde später zwei herkulische Kapuziner, eine
Bürde auf den Schultern. Der Pater Guardian be=
gleitete die beiden Gesellen, unheimlich lächelnd, eine

Blendlaterne in der Hand. Ein Druck auf eine ver=
borgene Feder; der Stein glitt geräuschlos zurück,
eine Wendeltreppe bemaskirend. Hier stiegen die Ka=
puziner mit ihrer Bürde hinab, passirten mehrere un=
terirdische Gänge, bis sie vor einer eisenbeschlagenen
Thüre stillstanden. Der Guardian öffnete mit einem
besonderen Schlüssel und beim Laternenschein bot sich
ein kleines unterirdisches Kerkerverließ den Blicken
dar. Stroh bedeckte den Boden und in einer Wand=
nische schnitt ein glänzend weißer Todtenschädel eine
verwunderte Grimasse. Die Braunröcke legten ihre
Bürde behutsam auf das Strohlager, nahmen den
Schädel aus der Nische und zündeten eine darunter
verborgene Oellampe an. Rother Glühschein brach
aus den Schädellöchern und fiel grell auf die bleichen
Züge Don Ruggiero's, den die Mönche vor wenigen
Augenblicken in tiefer Ohnmacht am Fuße der Garten=
mauer gefunden hatten. Der Guardian betrachtete einen
Augenblick den Liegenden und ein teuflisches Lächeln
flog über seine blatternarbigen Züge. Ein Wink . . . .
ein Riegelknarren . . . . und die drei Unheimlichen ver=
schwanden. Alles war grabesstill in der „segreta."

Stunden entflohen, . endlich erwachte der Novize
aus seiner Ohnmacht. Sein erster Blick fiel auf die

feuriggrinſenbe Schäbellampe, bas Stroh kniſterte unter
ſeinem Körper, ſein Ohr vernahm etwas wie ein fernes
Rauſchen zu ſeinen Häupten. Entſetzt ſprang er auf,
ſich mit einer irrſinnigen Geberde betaſtend. Welch'
furchtbarer, alpmächtiger Traum!! . . . . „Gelſomina,
Gelſomina!" heulte der Unglückliche, den Kopf in bas
Strohlager einwühlend . . . .

Jn demſelben Augenblicke erſcholl es wie Poſau=
nenton, ſo furchtbar betäubend, als ob die Abgeſchie=
benen aus der geborſtenen Erbe emporſteigen ſollten.
Uebermenſchliche Stimmen, in verworrenem, herzer=
ſchütternbem Chore ſangen:

„Dies irae, dies illa
Solvet saeclum in favilla."

Voll Entſetzen horchte Don Ruggiero. . . .

„Quando judex est venturus"
rauſchte ein bonnerndes Enſemble von Rächerſtimmen
bazwiſchen. . . .

„Rex tremendae majestatis"
ſcholl es bann wie Meerestoſen unb zürnenbe Bran=
bung, unb ber Novize betete laut, wie im Tobes=
kampfe. Stille war's wieder. Mit einem Male haf=
teten bie Augen bes Gepeinigten auf bunklen Niſchen=
öffnungen, bie ſich nach unb nach erhellten; geſpen=

stische Schatten glitten vorüber, mit verhüllten Häup=
tern nickend, geheimnißvolle Klagetöne entquollen den
Eingeweiden der Erde, flehende, schluchzende Stimmen
wurden hörbar, und eine furchtbare Stimme ließ plötz=
lich die ewigen Worte fallen, die wie Donnerrollen
widerhallten:

„Zurück von mir, Ihr Sünder, in das ewige Feuer!"

Ein herzzerreißender Chor von Weherufen und
ohnmächtigen Schmerzenslauten antwortete den Wor=
ten der ewigen Verdammniß . . . . . und wieder war's
stille. — —

Einige Wochen später empfing ein junger Novize
im großen Kapuzinerkloster die Weihe. Der bleiche,
vor Kurzem erst von schwerer Krankheit genesene
Mönch glich mehr einem Gespenste, als einem leben=
den Wesen. Es war eine große Feier, und viel Neu=
gierige wohnten der Ceremonie bei.

Durch die Menge ging ein geheimnißvolles Flü=
stern. . . . Warum entsagte der junge Graf von Santa
Lucia auf ewig der Welt in derselben Stunde, wo
in der Olivella sein älterer Bruder Don Alfonso seine
Vermählung mit der schönen Donna Chiara feierte?! —

Zweites Capitel.

Geheime Fäden.

Zwei Jahre sind dahin.

Der Fasching des Jahres 1860 liegt in den letzten Zügen. Er hat sich müde getanzt, getollt, gejauchzt und gehetzt mit einer fast nie dagewesenen Furia. Glänzende Liebes- und Tanzfeste haben die liebebürstenden Palermitanerinnen gefeiert, während ihre Gatten, Väter, Brüder und Freunde in den zahllosen Kerkerverließen schmachten. Hie und da hatten sich wohl Stimmen erhoben gegen das lichtscheue, entsetzliche Treiben des Generalpolizeidirectors und seiner niedrigen Creaturen, doch diese Stimmen verstummten .... auf ewig!

Doch was ficht dies Palermo, il felice, an? Keine Wolke auf der ewigjungen Stirne der sorglosen Tochter Phöniciens, keine Wolke an ihrem ewigheitren Himmel! Was vergällt dir's, du liebetolles Sonnenkind, das so weich und blumentrunken in seiner goldenen Muschel ruht, was da unten in der Finsterniß der Verließe geschieht? Hast du doch Licht, Frühlingsküsse, tiefblaues Meer, Weihrauchduft, ein schutzmäch-

tiges Madonnenheer und blühende Orangenhaine voll
süßer Geheimnisse!

Auf der Marina war reges Leben zur letzten
Faschingsnacht: fast überall noch glänzte Kerzenpracht
in der langen Palastreihe, welche das weite Meer mit
den zackigen Inselsplittern längs der hohen Küste be-
herrscht. Ein milder Greco glitt von Nordosten herüber, hie und da neigte sich eine Frauengestalt über
den Balkon herab: unter den Laubgängen plauderten
geschwätzig die Marmorfontainen, deren Krystallraketen
zwischen dem Metallgrün der Citronenbäume blitzen.
In dem imposanten Palaste zunächst dem Griechen-
thore scheint noch Niemand an die vorosterlichen Buß-
wochen zu denken. Ein mäßig großer Salon beherbergt eine gewählte Gesellschaft aus den Reihen der
goldenen Jugend Palermo's. Wohl giebt's hie und
da verwitterte Gesichter, ermüdetes Lächeln, verwelkte
Reize, doch das nimmersatte Auge funkelt jugendbe-
gierig, die Busen wogen und beben und Fieberschauer
gehen durch die Tafelrunde. . . . Längst ist die kostbare Doppelquelle des Goldmuskatwein's von Syra-
kus und des dunkelblühenden Melazzo versiegt und
eben verblutet sich die letzte Flasche Marsala zwischen
den Gluthlippen eines wundervollen Geschöpfes, auf

dessen Marmorstirne manche Sünde geschrieben steht.
Welch Murmeln! Welch Schauern! Welch Rauschen!
Die Demantäugige dort mit dem antiken Broncegesicht
lacht so unheimlich, daß der blutjunge Celadon zu
ihren Füßen jäh verstummt; Jene mit aschblondwelli-
gem Chignon und nervös zuckender Lippe bewundert
sich selbst im hohen Venetianerspiegel, neigt graziös
den Kopf zurück und verschlingt unter der gesenkten
Wimper hervor die eigene Schönheit mit verstohlenen
Blicken.... und diese kleine, goldbraune Fee mit
dem perlensprühenden Lachen hält ein halb Dutzend
Sclaven an ihre Ottomane gefesselt, wo sie so weich
hingegossen ruht. Wie ein ungeheuerlicher Märchen-
traum überkommt es den Beschauer.... Die Sinne-
trunkenheit der Gäste scheint alle Gegenstände des
Salons in mysteriöser Weise anzustecken. Es war,
als hüpften die Bonzen unter ihren aufgestülpten Pa-
godendächern, als klängen die Silberglöckchen an den
Porzellanthürmchen, als schüttelten die Marmoridole
ihr schimmerndes Halsgeschmeide, als murmelte die
Rococostanduhr in ihrer Stalaktitennische schlaftrun-
kene Worte, als reckten die Göttinnen und Nymphen
ihre schneeweißen Glieder, um aus den geschnitzten
Rahmen herauszusteigen. Ein bleichschönes Weib allein

scheint dieser betäubenden, sinnverwirrenden Atmosphäre
fremd. Aus ihrem schwarzblauen Auge strömt ein
magnetisch fixer Blick über die Gesellschaft hin, unheimlich, wie der Blick eines opferübersättigten Götzen-
bildes.... Einem assyrischen Basrelief scheint das rein-
geschnittene Profil entnommen, über der blendenden
Stirne schattet die dunkle Pracht des Haares, auf dem
Scheitel mit Perlschnüren zu einer Krone zusammenge-
flochten. Eine riesiggroße Perle, wie sie Cleopatra geliebt
haben mag, hängt an einer haarfeinen Kette über die Büste
herab und aus dem weiten Aermel der Lilasammetrobe
von schmuckloser Einfachheit schimmert ein unvergleich-
licher Arm, der das müde zurückgeworfene Haupt stützte.

Ein Mann in mittleren Jahren, mit schwarzem
Backenbarte und wüstsinnlichen Zügen, saß neben dem
jungen Weibe auf einem Tabouret. Es mochte in
der Ausströmung ihres „schwarzen" Blickes, wie die
Orientalen sagen, geradezu etwas Wahnwitziges, Grausames liegen, so, daß der Herr daneben, sich zu ihrem
Ohre neigend, murmelte:

„Was schwirrt Euch durch den Kopf, Marchesina?"

Die Dame fuhr auf, in ihren Mundwinkeln zuckte es.

„Ich dachte an Caligula," antwortete sie mit einer
tiefen, sonoren Stimme.

„Caligula!" lachte eine etwas heifere Stimme und die Kleine mit dem aschblonden Chignon, die ihr Bild im Spiegel bewundert hatte, fuhr mit ihrem allerlieb=ften Köpfchen blitzschnell zwischen die Sprechenden.

Die Bleiche machte eine ungeduldige Bewegung.

„Caligula, was ift das?" wiederholte die Blonde, „Dein Geliebter?"

„Geh, schau Dich in dem Spiegel, Zullina, und laß uns in Ruhe!" rief ärgerlich die Andere.

„Ein Schauspieler, ein Marcchefino, ein Polizei=commiffär?" neckte die Andere lachend weiter. „Geh, ich bitte Dich, amico Chemici," wendete sie sich schmeichelnd an den Herrn, „sag' mir doch, wer ist der Signor Caligula?"

Der Angeredete erwiderte lachend:

„Ich weiß es selbst nicht, Kind."

„Caligula," fuhr die Blauäugige auf, „war ein toller römischer Kaiser, der eines Tages den Wunsch aussprach, ganz Rom möge nur einen Kopf haben, damit er diesen Kopf mit einem einzigen Streiche her-unter hauen könne; weißt Du's jetzt, Nafeweise?"

„Puh," brummte Zullina, „welch' garstiger Mensch, Dein Caligula, mich schaubert .... warum hatte er solch' schwarze Ideen, der tolle Kaiser?"

„Weil er von seinem Hofe bis zum Tode ge=
langweilt wurde," lautete die anzügliche Antwort.

„Hum," rief die Blonde schmollend, „danke schön!
Man weiß längst, daß Du Bücher liest und stu=
dirst .... bleib mit Deinem Caligula, Du Ge=
lehrte....."

Mit diesen Worten flog sie davon.

„Warum dachtet Ihr an diesen tollen Römer,
schöner Dämon?" fragte nun der Herr, dem Zullina
den Namen Chemici gegeben.

„Weil mich manchmal ganz dieselbe Lust an=
kömmt, wenn ich Euch Alle so vor mir herumtollen
sehe," erwiderte mit Bitterkeit das junge Weib. „Ich
wollte, Ihr hättet Alle nur einen Kopf und ich führte den
Streich...." Sie machte eine wilde Geberde. „Ich
bin so müde dieses Lebens, so bis auf die Neige ge=
sättigt ... ein Mann, wie Caligula, könnte mich zer=
streuen ....: à propos," sprang die bewegliche
Sprecherin plötzlich ab. „Sagt mir doch, ist's lange,
daß Ihr Euer Buschklepperhandwerk auf der Straße
nach Caltanisetta aufgegeben habt, Signor Ludovico
Chemici?"

Der Angeredete starrte die Sprecherin erstaunt an.

„Ihr müßt schöne Abenteuer zu erzählen haben;

so laßt doch etwas hören," fuhr die Dame ironisch
fort, „von Euren Ausflügen am Monte Velino, an
den romantischen Ufern des Fucinosee's und wer
weiß, wo sonst noch .... habt Ihr eine zahlreiche
Bande gehabt?"

Chemici faßte krampfhaft den Arm der Sprecherin und murmelte: „Sprecht doch leiser."

„So also," lachte diese, „habt Ihr Euren Ca-
pitanotitel verdient? Man möchte Euch die Hand
küssen, allerliebstes Ungeheuer, die feine Hand mit den
Brillantringen hier" — und sie faßte mit einer rei-
zenden Bewegung die Hand des Signor Chemici —
„wenn nicht," fuhr sie, plötzlich ihn heftig zurücksto-
ßend, fort, „so viel Blut daran klebte!!"

„Der Mann ward kreideweiß, erhob sich rasch
und öffnete ein Fenster, um Luft zu schöpfen. . . .

„Ein guter Einfall," kicherte ihm eine Stimme
in's Ohr.

„Welcher Einfall?" brummte der Bärtige sich
rasch umsehend.

„Das Fenster zu öffnen, es ist eine wahre Hölle
hier," erwiderte Zullina mit großen Augen.

In diesem Augenblicke mahnte das Mitternachts-
glöckchen aus dem nahen Kloster der Büßerinnen herüber.

2*

„Hört Ihr's?" klang die vibrirende Stimme der
Marchesina. „Mitternacht! Gehet heim, legt das hä=
rene Hemd an und betet die Bußpsalmen des Königs
David, Ihr habt es, bei meiner Padrona, sehr nö=
thig! Thuet Buße und bekehret Euch! Felicissima
notte!"

„Viva la Marchesina, la matta!" schrie'n die
Gäste.

„Signor Chemici, Ihr bleibt mein Gefangener,"
flüsterte sodann die Herrin des Hauses dem Capitano zu.

Beide traten in ein elegantes Boudoir, wo eine
matte Alabaster = Ampel dämmerte. Blaßlila Sei=
dentapeten, mit Silbertrauben zwischen Festons von Perl=
schnüren durchwirkt, decken die Wände. Reichfaltige
Spitzenvorhänge drapiren die Balconthüre, die als
Fenster dient. Meistergemälde, Zeugen des Kunst=
sinns der Bewohnerin, hängen hier und dort. Eine
heißtönige „Lussuria" bildet das Pendant zu einer
idealreinen „Purità" von Anemolo, und eine sauber
ausgeführte Copie der „vier palermitanischen Jung=
frauen" von Martorana ist nicht wenig scandalisirt,
sich gegenüber einem König Candaules, dem verbor=
genen Gyges die Reize seiner Geliebten enthüllend,
zu befinden.

La Marchesina, von ihren Freunden Serpentina
genannt, war ein seltsames, originelles Geschöpf, voller Contraste, voller Bizarrerieen und Widersprüche.
Wer nicht zu ihren Intimen gehörte, hatte nie ihr
Antlitz geschaut, denn sie zeigte sich nur selten und
nie anders als streng verschleiert an öffentlichen Or-
ten. Vor einigen Jahren war sie plötzlich in Palermo aufgetaucht und zwar sogleich in ihrem Marina-
palaste voll Pracht und Herrlichkeit. Niemand kannte
ihren wirklichen Namen, ihre Abenteuer hatten immer
einen mysteriösen Beigeschmack, aber nie hatte sie ir-
gendwie öffentlichen Anstoß gegeben. Viele hielten
die Marchesina für eine Verbündete der Geheimpoli-
zei, Andere für eine geheime Mazzinistin, mit einer
mysteriösen Sendung betraut. Eines schien jedoch gewiß: daß sie nämlich für sich eine eigene Polizei besaß und
die verwickeltsten Intriguenfäden der ganzen palermitanischen Scandal- und Liebeschronik in ihren Händen hielt. So war es ihr auch gelungen, die Antecedenzien des Mannes auszukundschaften, der sich
eben bei ihr befand und kein Geringerer war, als die
rechte Hand des allmächtigen Generalpolizeidirectors von
Sicilien, des so traurig berühmten Giuseppe Manifcalco.
Schweigend saßen sich Beide gegenüber.

Serpentina begann zuerst in aufgeräumtem Tone:
„Es wurmt Euch, Capitano, daß ich so genaue No=
tizen über Eure frühere Lebensweise in Händen habe,
denn setzen wir den Fall, ich wollte schwatzen, — so
würde dies Eure Sache bei Manifcalco ohne jeden
Zweifel untergraben, in Ansehung dessen, daß der
Herr General=Polizeidirector, Euer edler Gönner und
Herr, auf das Decorum hält, was ganz begreif=
lich ist bei einem ausgedienten Gensd'armen und
Sprößling eines neapolitanischen Hotelkellners. So=
dann wißt Ihr nur zu gut, Signor, daß Mani=
fcalco für seine Leute freien Zutritt in den Salons
der Toledostraße wünscht, was nach näherer Einsicht
in Eure zweifelhaft honnetten Antecedenzien einige
Kleinigkeiten von Schwierigkeiten erzeugen könnte, wie
meint Ihr, Capitano?"

Der Obercommissär, — dies war der officielle
Titel des gewesenen Banditencapitäns, — warf der
lecken Sprecherin einen Basiliskenblick zu.

„So viel steht fest," fuhr Serpentina lächelnd
fort, „daß ich Euer Geheimniß besitze und Euch da=
durch die Krallen beschnitten zu haben hoffe, für den
Fall, daß Ihr mich, wie so manchen Arglosen, zu be=
nunciren den unwiderstehlichen Kitzel verspüren soll=

tet. Doch vorerst laßt Euch darüber keine bösen
Träume kommen und schlaft in Ruhe, wenn anders
Euer Gewissen es Euch vergönnt, was ich mir zu be=
zweifeln erlaube. Es handelt sich im Augenblick um
einen Freundschaftsdienst, den ich von Euch verlange
und wofür ich Euch eine Gegenleistung verspreche, die,
wie ich alle Ursache zu glauben habe, ganz nach Eurem
Geschmacke sein wird."

Chemici's Stirne hatte sich bei den letzten Wor=
ten Serpentina's etwas entwölkt, und sich verbindlich
verbeugend, sprach er jetzt:

"Ich bin allzusehr Euer Sclave, Signora, um
nicht meinen ganzen Einfluß zu Eurer Verfügung zu
stellen. Laßt sehen, worum es sich handelt."

Die Marchesina begann:

"Es giebt hier in Palermo einen Mann, für den
ich ein ganz eigenthümliches Interesse fühle. Ist's
Liebe? ich glaube nicht; ist's Neugierde? Vielleicht ein
Bischen davon, doch im Ganzen genommen ist's ein
mysteriöses Gefühl, eine unerklärliche Attraction, die
mich zu dem Unbekannten hinzieht, denn er ist mir
bis zur Stunde gänzlich unbekannt, obwohl ich
alles Mögliche versucht habe, einige Erkundigungen
über den Geheimnißvollen einzuziehen, doch umsonst,

meine geschickteſten Spürhunde haben jedesmal ſeine
Fährte verloren. Wer er iſt, woher er gekommen, wel=
ches ſein Leben und Treiben, wo er hingeht, dies Al=
les iſt mir ein Räthſel und doch verfolgt mich Tag
und Nacht der Gedanke an ihn, eine geheime Stimme
flüſtert mir zu, mich ihm zu nähern, ihm nachzuſpü=
ren, mit ihm in Verbindung zu treten. Das Gefühl
iſt ſo mächtig, daß ich einmal in der Nacht verſucht
habe, ihm zu folgen . . . . plötzlich jedoch verſchwand
er, als hätt' ihn die Erde verſchluckt . . . . und ich
kam ganz traurig nach Hauſe zurück.‟

„Wo habt Ihr ihn zum erſten Male geſehen?‟
forſchte nachdenklich der Polizei=Commiſſär, den die
Geſchichte lebhaft intereſſirte.

„Nur höchſt flüchtig vor etwa einem Monat,
als ich zur Veſperzeit die Kalſa verließ, ſtand er an
der hohen Säule links vor der Eingangshalle in
Träumen verſunken, ich war wie immer tief ver=
ſchleiert, er warf mir einen Blick zu, ſo ſeltſam un=
heimlich, daß ich unwillkürlich zuſammenſchauerte und
blitzſchnell in meine Sänfte hineinhuſchte. Ich ſchickte
eine Viertelſtunde ſpäter Matteo auf ſeine Fährte,
der ihn noch bei der Kalſa fand; er folgt' ihm, ver=
lor ihn jedoch plötzlich aus den Augen. . . . .‟

„Seltsam, in der That," murmelte der Capitano, deſſen Spürinſtinct geweckt worden war.

„Zwei andere Male," fuhr die Marcheſina fort, „war's noch unerklärlicher. Es war des Nachts, der Unbekannte erſchien mir im Traum, ich fuhr aus dem Schlafe auf, die Standuhr ſchlug zwei Uhr und wie mit unwiderſtehlicher Gewalt trieb mich's aus dem Bette nach der Balkonthüre . . . . ich öffnete; wen ſehe ich beim Ampelſcheine der Madonna rechts an der Ecke? . . . . den Myſteriöſen . . . . von der Kalſa. Ich werfe haſtig mein Kleid um, die Toppa drüber, blicke noch einmal hinab, er iſt hinweg . . . ."

Chemici ſchüttelte das Haupt, es war ihm beinahe unheimlich zu Muthe. „Gebt mir wenigſtens annähernd eine Perſonalbeſchreibung von dieſem ſeltſamen Geſellen," ſprach er nach einer Pauſe.

„Nichts leichter," rief das junge Weib, „ich habe ſein Bild ſtets vor Augen. Mittelgroß, bartlos, ein blaß-olivenfarbenes, ſtrenges, ja aſcetiſches Geſicht, wo ſeltene Energie mit etwas Tiefverſchloſſenem, Träumeriſchem ſich verbindet, dichtſchattende Augenbrauen und auf der Stirne etwas Unſtätes. . . ."

„Unerklärlich," unterbrach ſich plötzlich Serpentina, „ſolltet Ihr glauben, daß ich in dieſem Augenblicke das Gefühl habe, als stände der Unbekannte eben unten bei der Madonnennische? ...."

Die Bronceſtanduhr auf dem Kamingeſimſe prä‐ ludirte langſam und ſchläfrig mit einigen eleganten Fiorituren, ſchlug einen brillanten Triller und ſtieß dann zwei lang gezogene, melodiſche Stoßſeufzer aus.

„Dies iſt die Stunde,“ flüſterte das junge Weib, ihren Gaſt nach der Balkonthüre drängend. . . . .

Die Marina lag einſam. Wundervoll war die Nacht. Die Sterne blühten auf dem ſtillen Meere; leiſe ſchmeichelnd, in ſanften Cadenzen ſchlugen die Wellen gegen die Terraſſenmauern. — Wie ein blutig Chklopenauge hing das Leuchtfeuer des Galitaforts hoch über dem „kleinen“ Hafen, den jenſeits die dunkle Maſſe des Caſtello a Mare bedräute.

Die beiden Lauſcher hatten vorſichtig die Thüre des Altans geöffnet und ſchauten hinab. . . . . Drun‐ ten beim Madonnenbild ſtand der Unbekannte, der Ge‐ heimnißvolle, die gedrungene Geſtalt in einen weiten, braunen Mantel gehüllt, wie ihn die Leute von Uſtica tragen, und über das Haupt die Kapuze hinaufgeſchlagen.

„Wunderlich,“ murmelte Serpentina, „wohl iſt's derſelbe Mann, und doch möchte ich heute faſt ſagen, es iſt ein Anderer. . . . .“

„Trägt er nicht immer dasselbe Costüm?" forschte eifrig der Polizeimann.

„Die letzten Male ja, das erste Mal nicht," antwortete zerstreut die junge Frau.

Der Unbekannte machte eine Bewegung, — fast schien es, als hätte er ein Gebet verrichtet — und kam auf den Balkon zu. . . . . Unwillkürlich wichen die Lauschenden zurück, um nicht bemerkt zu werden . . . . einen kostbaren Moment jedoch hatte ihnen diese Rückzugsbewegung geraubt, denn als sie wieder hinabschauten, war der Mann verschwunden. Beide schauten sich fragend an. . . . .

Wenige Augenblicke später hörte man leisen Ruderschlag, die dunkle Silhouette einer Barke glitt gespenstisch über den See . . . . leiser und leiser ward das Geräusch und dann hörte man nichts mehr, als das Plätschern der einsamen Terrassenbrunnen.

„Er trägt das Kleid der Usticaner," bemerkte in's Boudoir zurücktretend der Commissär, „irgend ein Nachtfalter, der hier in einem der schattigen Gärten seine Schöne verkleidet besucht hat und nun zu Wasser auf einem Umweg heimkehrt, denn ich wette, er steigt in wenigen Augenblicken weiter unten an's Land."

„Meint Ihr?" murmelte Serpentina träumerisch.

Der Capitano log, wie ein Polizeicommiſſär, dem eine gute Idee gekommen iſt, denn ganz im Stillen dachte er: „Dieſer verdächtige Nachtvogel gleicht ganz auffallend dem Signalement, das uns neulich die geheime Polizei aus Neapel zugeſendet hat.... Das wäre ein Fang!“

„Zählt auf mich, Signora,“ ſprach dann Che= mici mit Nachdruck, „ich werde Euch dieſen räthſel= haften Mann ausfindig machen, und wäre er in den Eingeweiden der Erde verborgen, oder,“ lachte der Commiſſär, „wäre er Einer jener furchtbaren „Getta= tori,“ die allnächtlich in den Grüften des Campo Santo am Fuße des Zafferano ſchlafen gehen.“

„Läſtert nicht,“ warnte mit großem Ernſte die Marcheſina.

In dieſem Augenblicke wurde leiſe an die Alcoven= thüre gepocht.... Serpentina trat nach rückwärts. Cecchina, die braune Zofe, erſchien und machte ihrer Herrin ein Zeichen, worauf dieſe mit dem Kopfe nickte. Wieder zu ihrem Gaſte tretend, begann ſie: „Alſo ich kann mich auf Euch verlaſſen, Ihr werdet mir von Zeit zu Zeit vom Reſultate Eurer Forſchun= gen Rechenſchaft geben, Signor.... Doch an was denkt Ihr.... ſo tief verſunken?“ —

Chemici fuhr aus seinem Traume auf.

„Vielleicht an den Gegendienst, den ich Euch versprochen? .... Habt keine Furcht, ich gedenke früher meine Schuld zu zahlen, als Ihr es erwartet. Wäret Ihr zum Beispiel," sprach die junge Frau langsam und mit großem Nachdruck, „mit der kleinen Marchesina zufrieden, wenn sie Euch ein Mittel an die Hand gäbe, das Herzensgeheimniß einer Dame zu belauschen, die Ihr mit glühender Leidenschaft liebt?"

Der Capitano erbebte. Serpentina flüsterte, sich zu seinem Ohre neigend: „Das Geheimniß Gelsomina's, die Euch mit so viel Kälte und Verachtung zurückstößt. Diese Gelsomina liebt, sie ist schuldig; wenn Ihr Euch ihres Geheimnisses bemächtigen könnt, gehört sie Euch, die schöne junge Frau des Herrn General=Polizeidirectors, der so wahnwitzig eifersüchtig ist."

Die schwarzen Augen des früheren Banditen=häuptlings leuchteten wild auf.

„Ja," fuhr Serpentina mit einem satanischen Lächeln fort, „ich wußt' es wohl, das ist Eure Achilles=ferse. Seid Ihr entschlossen, in der Komödie mitzu=spielen, die ich Euch ausersonnen habe, um Euch Gelsomina auszuliefern, die ich aus tiefster Seele hasse?"

„Ihr haßt Signora Maniscalco und warum?"

„Warum?" schrie Serpentina mit flammensprü=
henbem Auge .... doch im Augenblicke sich wieder
beruhigend, fügte sie hinzu: „Darum handelt es sich
hier nicht; wollt Ihr mitspielen oder nicht, antwortet!"

„Mit Leib und Seele."

„Dann braucht Ihr einen Bundesgenossen," sprach
mit erhobener Stimme das junge Weib, mit dem
Fuße stampfend, „und der Bundesgenosse ist dort,
schaut hin in jenen großen Spiegel!"

Chemici schaute hin .... fuhr aber in demsel=
ben Augenblicke voll Entsetzen zurück .... er er=
bleichte .... war dies Haus behext?! ....

„Eh," lachte Serpentina, „habt Ihr eine solche
Furcht vor Eurem Doppelgänger?"

In der That hatte der Mann, der so Manches
auf der Seele hatte, sein eigenes Bild „doppelt" in
dem behexten Spiegel gesehen.

Jetzt winkte die junge Frau und das Gespenst,
das die Gestalt und Züge des Signor Ludovico Che=
mici angenommen hatte, verschwand. Als der Ent=
setzte einen neuen Blick nach der Spiegelplatte warf,
sah er sich allein; er athmete tief auf.

„Für einen gewesenen Freibeuter," lachte Ser=

pentina ironisch, „däucht mir, habt Ihr nicht viel
Courage, das macht das böse Gewissen, Poveretto.“

„Was war das?“ fragte scheu der Commissär.
„Seid Ihr mit dem leibhaftigen Gottseibeiuns im
Bunde?“

„Durchaus nicht,“ erwiderte ernsthaft Serpen=
tina, „doch dies Geheimniß erlaubt mir, wenn es
Zeit, Euch zu enthüllen, für heute ist's zu spät oder
zu früh, wie Ihr wollt!“

Wenige Augenblicke darauf führte Cecchina den
Capitano eine geheime Wendeltreppe hinab . . . .
und sein Doppelgänger, der aus der Tiefe des Alco=
vens herausgetreten war, umschlang voll Leidenschaft
das junge Weib mit den schwarzblauen Augen.

Derweil machte sich der Andere sporrnstreichs da=
von, als säßen ihm eine Million Teufel im Nacken
eingekrallt. In seinem Gehirne tobte ein wüster
Hexensabbath und immerfort war es ihm, als schaute
ihn sein Doppelgänger aus dem verwünschten Spie=
gel an. — —

Tags darauf erhielt Chemici ein allerliebstes,
feingefaltetes Briefchen mit einer Schlange gesiegelt.
Es enthielt die wenigen Worte:

„Signor Chemici wird gebeten, am nächsten

Mittwoch um die siebente Abendstunde sich nach der Piazza Villena zu begeben und links bei der Statue Philipps des Zweiten zu warten. Er wird seinen Doppelgänger kennen lernen und Alles Uebrige sich finden.   La Marchesina."

Drittes Capitel.

Pater Resurrecturus.

Die Vesperglocken sangen ihren hundertstimmigen Chor hoch über der Stadt der Liebe. Ein Schauern war's, ein Klingen, Summen, Rauschen, Bimmeln und Brummen verwirrter, gellender, verhallender, jauch=zender und klagender Töne, daß für die vollkommenste Disharmonie auch nicht das Geringste zu wünschen übrig blieb. In dem Vorhof der Matrice — so nennt der Palermitaner den Wunderdom Rosaliens — reihte sich Kopf an Kopf. Kaum blieb Platz genug für die Marmorbischöfe Gagini's, denen es auf ihren Posta=menten ganz schwül zu Muthe sein mochte. Oben auf dem reichgeschnörkelten Simswerk des Ostportales, auf den halsbrecherischen Festons der Schwibbögen, auf

ben emailziegelschuppigen Kuppelbächern ber Seiten=
kapellen schwindelt's und graust's dem ganzen Troß
von sauertöpfigen Aposteln und Märthrern ob dem
Wogen und Drängen all der Menschenkinder, aus
deren Mitte mit ewigheiterer Ruhe die schöne Hei=
lige lächelt.

Heute, möchte der Leser glauben, ist großes Kir=
chenfest im Dome; durchaus nicht, heute findet ganz
einfach die erste Fastenpredigt statt. Woher also der
mächtige Zudrang von Gläubigen? Sie kommen, um
dem Worte eines wahren Predigers von Gottes
Gnaden zu lauschen, eines Trösters, der seine Aufgabe
tief im Herzen trägt, eines Apostels, der Liebe, Gnade ·
und Verzeihung einer Menge verspricht, die sonst nur
an die unerbittliche, schablonenhafte Rede eines feind=
seligen Pfaffenthums gewöhnt war. Wer zum Volke
spricht, muß ihm ein großes Herz entgegenbringen,
eine liebreiche Geduld; schillernde Sophisterei und
Spiegelfechterei, Bilderschwulst, diabolische Flammen=
beredtsamkeit und der ganze glänzende Kanzelspuk vul=
gären Effektes mag wohl für den ersten Augenblick
verblüffen und blenden, erzeugt jedoch auf die Länge
schmerzliche Leere und Glaubensohnmacht.

Die Psalmen und Antiphonen rauschen gewitter=

mächtig, herzbewältigend von der hohen Orgeltribüne;
ein jauchzendes Tosen erschüttert die Marmorstämme
des mächtigen Säulenwaldes, auf dem die Tempel=
hallen ruhen, es brauset der Lobgesang:

„Laudate, pueri, Dominum!“

Dann ist’s wieder ein tiefes Weh, eine ewigblutende
Reue, die, aus den Bußgesängen des sündigen König’s
weinend, die Prachtkathedrale bis in die Tiefe ihrer
Königsgrüfte durchschauert:

„Domine, ne in furore tuo arguas me!“

Noch bebt die Menge im Bewußtsein ihrer Schuld,
da schreitet ein schlichter Kapuzinermönch zur Kanzel
hin. Ein Flüstern durchläuft die dichtgedrängten Grup=
pen, die Häupter senken sich unwillkürlich, ein Mäch=
tiger im Geiste geht vorüber. Jetzt steht der Mönch
auf der hohen Kanzel, dem Leuchtthurme der Gläu=
bigen, wo die Diener des Herrn das „ewige Licht“
für die Verirrten des Lebensocean’s unterhalten soll=
ten .... und es murmelt die Menge voll Vereh=
rung: „der Pater Resurrecturus!“ Wer ist der „Pater
Resurrecturus?“ Woher der bizarre Name? Eine
schlanke, edle Gestalt, voll Eleganz selbst in der Ka=
puzinerkutte, ein bleichschönes Antlitz im dunklen Rah=
men eines flaummeichen Bartes, ein großes, ruhiges,

sanftes Auge, ein schwermüthiger Gedanke auf der
Stirne, das ist der Pater Resurrecturus, der angebe=
tete Liebling der edlen Palermitanerinnen, heute Ka=
puzinerpater und früher der jugendliche Graf von
Santa Lucia, Don Ruggiero, der Novize. Sie nennen
ihn den Pater Resurrecturus, weil seine erste Predigt,
die alle Herzen zur Bewunderung hingerissen, mit
dem magischen Worte: „Du wirst auferstehen" in
lateinischer Sprache angefangen und geendet hatte.

Aus der Nacht der segreta bis zum Glorien=
schein auf der Predigerkanzel in der Matrice war's
nur eine Spanne Zeit, — doch welche Leiden, welche
Kämpfe, welche Stürme in der Brust des jungen
Mönches, während dieser Spanne Zeit!!

„Der Pater Resurrecturus kennt die Tiefe des
Menschenherzens und seiner Liebe, — er hat geliebt,"
sagen die Männer, indeß die Frauen sich heimlich zu=
flüstern: „Er liebt noch!".....

Einen schönen, ewigmenschlichen Text hatte er
heute gewählt:

„Kommet her zu mir, Alle, die Ihr mühselig und
beladen seid, ich will Euch erquicken!"

Da waren der Mühseligen und Beladenen viele
in den Tempelhallen und besonders Derer, die mit

3*

einer geheimen Schuld beladen sind! Wie wußte er
mit Wort und Blick diejenigen aufzurichten, welche
vor Kurzem erst ein finsterer Priester mit dem Fluche
der Verdammniß niedergeschmettert hatte! O, die
Müden, Gebrochenen, Enterbten, Verlassenen und Ver=
kannten, wie erhoben sie dankbar die Hände zu dem
bleichen, jungen Manne hoch oben auf der lichtum=
flossenen Kanzel von Engeln getragen! Dies Volk
Siciliens, so namenlos elend, so niedergetreten, so
müdegehetzt und lebensmatt, dies arme umnachtete
Volk von willenlosen Nachtwandlern fühlte einen Tropfen
Normannenblutes in seinen Adern brennen, als der
Mönch mit unglaublicher Kühnheit und Vehemenz die
begeisterten Worte ausrief:

„Und Ihr, meine Brüder, zu deren Ohr mein
Wort nicht zu bringen vermag, Ihr Unglückseligen,
Kettenbeladenen, an deren Felsenkerker unsere Seufzer
ersterben, warum ist meine Stimme zu ohnmächtig,
um Euch aus der Tiefe meiner Seele zuzurufen:
„Kommet her zu mir, ich will Euch erquicken?“ O,
verzweifelt nicht in Eurer Nacht, erhebet Euer gram=
erblindet Auge zum Herrn, der Euch Licht und Frei=
heit wiedergeben wird, Er, das ewige, herrliche Licht,
Er, in dessen Wageschale die Königreiche, wie Sand=

körner, wiegen, Er wird die Waffen der Machthaber
zerbrechen, ihre Söldnerheere zerstreuen, ihren Wahn=
sinn zu Schanden machen. Ihr aber, meine Brüder,
die Ihr mich höret, vermischet Euer Gebet mit dem
meinigen, daß der Herr seine Gnade walten lasse über
alle Mühseligen und Beladenen, die sich seinem An=
gesichte nähern, daß er sie führe aus der Finsterniß
des Unglaubens zur leuchtenden Sonne seiner Er=
kenntniß und Liebe!!"

Mit diesen Worten stürzte der Mönch auf die
Kniee und betete. Weinend und schluchzend folgten
die Gläubigen seinem Beispiele, bis in die Tiefe ihrer
Seelen erschüttert. . . .

Die Menge hatte den Dom verlassen, nur eine
Anzahl Büßer harrte des jungen Paters vor den
Beichtstühlen der Rosalienkapelle. Zwei Personen ins=
besondere waren während der Predigt allen Bewegun=
gen des Kapuziners mit ganz besonderer Aufmerksam=
keit gefolgt, als wollten sie kein Wort, keinen Blick
und keine Geberde des Redners verlieren. Es waren
dies eine schwarzgekleidete, tief verschleierte Dame und
ein Mann in schlichter Bürgertracht, der ganz in der
Nähe der Kanzel, hinter dem Prachtsarkophage des
Normannen Roger verborgen, Platz genommen hatte.

In dem Aeußern dieses Mannes war durchaus nichts
besonders Bemerkenswerthes; aufgefallen wäre es höch=
stens einem mißtrauischen Beobachter, daß der Unbe=
kannte von Zeit zu Zeit den Prediger scharf in's Auge
faßte und dann seinen Blick auf ein Blatt Papier
senkte, worauf er mit der Bleifeder etwas zu zeichnen
schien, so daß es fast den Anschein hatte, als wäre
es die Aufgabe dieses Mannes, ein möglichst getreues
Portrait des Kapuzinerpaters zu liefern.

Im Beichtstuhle war die schwarzgekleidete Dame
Eine der Ersten, die der junge Mönch vorließ. Das
Sündenbekenntniß und die Absolution der Verschlei=
erten dauerten vielen ungeduldigen Büßern fast ein
wenig zu lange, und manch verstohlen Lächeln folgte
ihr nach, als sie die Kapelle verließ.

Das letzte Bekenntniß hatte der Pater Resur=
recturus vernommen, die Kapelle war einsam geworden.
Drinnen aber im Beichtstuhle hinter den festgeschlos=
senen Seidengardinen lehnte noch der Mönch in Träu=
men versunken. In seiner Hand hielt er eine Blume,
in deren blendend weißem Kelche ein goldener Staub=
fädenbüschel glänzte. Ein süßer Duft wie Orangen
und Jonquillen entquoll dem Wunderkelche der Ma=
gnoliablüthe. Jetzt preßte er mit zitternder Hand die

kostbare Blume an seine Lippen und eine Thräne
keimte in seinem dunklen Auge. . . . Einige Augen=
blicke darauf verließ auch er, der Letzte, gesenkten
Hauptes das Heiligthum. — —

Abend ist's, einige Tage nach der ersten Fasten=
predigt des Paters Resurrecturus.

Auf der Piazza Villena oder Ottangolosa, wie
das Volk sagt, ist's reich belebt. Die Equipagen
kommen vom Marinacorso zurück, denn die Abendan=
dachten rufen die schönen Damen nach den zahlreichen,
mysteriös erleuchteten Gotteshäusern. Auf dem Platze
selbst drängt sich das Volk um die vier bizarr ge=
schmückten Springbrunnen, welche den bronzenen Herr=
schern aus dem spanischen Königshause Tag und Nacht
labende Kühle zusprudeln. Ueberall bildet den Mit=
telpunkt der allgemeinen Aufmerksamkeit ein religiöser
Improvisator, ein während dieser Zeit wohlbekannter
Straßentypus des katholischen Südens, der irgend eine
Episode aus der Passion Christi oder dem Leben der
„Santissima Vergine" halb singend, halb deklamirend
unter wüthenden Geberden und obligatem Geigenzir=
pen herunternäselt.

An der Fontaine, gegenüber dem Standbilde des
finstern Philipp's, perorirt eben Einer dieser Straßen=

poeten, von deren Inspirationen man im Uebrigen keinen zu schlechten Begriff haben darf, in weinerlich= jämmerlichem Tone über eine lamentable Geschichte, wahrscheinlich von der heiligen Jungfrau, denn von Zeit zu Zeit läßt sich eine Stimme aus dem bunten Auditorium vernehmen, die mit einem „Viva Maria" dem Rhapsoden lebhaft zu antworten scheint. Daß der Deklamirende zu all dieser Rührung eine Reihe von Polka's, Contretänzen und Walzern im Schweiße seines Angesichtes herunterfiedelt, kümmert natürlich Nieman= den ringsum, indem Keiner an seiner guten Absicht zweifelt.

Ein Mann in blauem Ueberrock und breitkräm= pigem Filzhute stand an dem Marmorsockel der Statue Philipp's nachlässig angelehnt, die eine Hand in der Tasche seines Paletot's, mit der andern eine dampfende Cigarrette mit zierlicher Gewandtheit handhabend. Scheinbar schweifte sein kleines, stechendes Auge in's Leere und doch wissen wir, daß er die Menge rings= um auf das Genaueste musterte. Dieser Mann ist derselbe, den wir vor einigen Tagen hinter dem Grab= mal des Königs Roger bei der Kapuzinerpredigt ge= sehen. Die Thurmuhr des nahen Stadthauses ließ sieben vibrirende Schläge ertönen und ein Herr in schwarzer Kleidung trat an die Statue heran. Der Erste machte eine rasche Bewegung und allsogleich begann zwischen den beiden Unbekannten ein stummberedter Geberdendialog, worin die Sicilianer es bekanntlich zu einer unerreichbaren Meisterschaft gebracht haben. Der Neuhinzugekommene bezeichnete mit einem kaum bemerkbaren Zucken der Augenbrauen das Standbild, hob zugleich sieben Finger in die Höhe und berührte seine Lippen, worauf der Mann mit dem grauen Hute ebenfalls sieben Finger ausstreckend, mit dem Kopfe nickte und die flache Hand leicht über die Augen strich.

Das Gespräch war zu Ende. Das Resultat war, daß Beide, anscheinend, ohne weitere Notiz von einander zu nehmen, die Piazza verließen, um jedoch wenige Minuten später an der Einmündung der Macqueda wieder zusammenzutreffen. Diese östliche Hauptarterie verfolgten sie dann bis gegenüber der Piazza Pretoria, wo zwischen dem massiven Universitätsgebäude und der Hauptpost eine schmale, finstere Nebengasse sich einzwängt.

Schweigend glitten die beiden Männer in diese Gasse hinein, lenkten dann links ab und verloren sich in dem engen, düstern Straßengewirre, dessen himmelhohe, spärlich erleuchtete Häuser mit unverkennbaren

Spuren maurischer Architektur die Südoststadt zwi=
schen dem Castro= und Antonianathor bilden.

Viertes Capitel.

Ein seltsames Atelier.

Durch die hellerleuchtete Macqueda war eine
Stunde vorher ein Herr hinabgeschlendert, dessen Aeu=
ßeres und Manieren den Stutzer vom reinsten Wasser
verriethen. In der Nähe des Carolinatheaters an=
gekommen hielt der Flanirende plötzlich stille, die Nase
hochgehoben, wie wenn er eine Fährte wittere, und
dirigirte seinen Schildpattzwicker auf einen harmlo=
sen Einspänner, der eben am Eck der Martoranastraße
angehalten hatte. Die gänzlich geschlossenen Seiden=
garbinen des Miethwagens reizten die Neugierde des
Stutzers, der sich unter dem Theaterportikus in Hin=
terhalt warf. Seine Erwartung ward nicht getäuscht;
nach einem Augenblicke schon öffnete sich der Wagen=
schlag, und eine Dame von ziemlich kleiner Statur,
von Kopf bis zu Füßen in eine schwarzseidene „Toppa"
eingewickelt, hüpfte gewandt heraus, trippelte über die
helle Straße hinüber und huschte dann unheimlich

schnell in eine der finstern Vicoli hinein, wohin wir
die beiden Männer vom achteckigen Platze etwas später
geführt haben.

Der fashionable Lauscher hatte. die vorüberglei=
tende Schöne scharf in's Auge gefaßt, und sich mit
dem Goldknopfe seines Spazierstöckchens an die Stirne
fahrend, gemurmelt:

„Per Bacco, diese Vermummte sollt' ich kennen!
Wie eine wandelnde Mumie war sie eingewickelt! Ver=
wünschte Mode, diese „Toppa!" Sehen aus, wie pro=
menirende Packete, unsere Damen! Doch halt, dort
verflüchtigt sich unsere Prinzessin nach links . . . . ah,
bella camuffata, du sollst mir nicht entgehen, Don
Magnifico ist ein geübter Jäger!"

Mit diesen Worten machte sich der Stutzer mit
einer wahren Wuth an die Verfolgung der mysteri=
ösen Dame.

„Puh, ist's dunkel hier," brummte er, in die fin=
stere Seitengasse eindringend, „stockpechschwarz, raben=
dunkel wie im Tartarus . . . . diavolo, was ist das?"
kreischte der Verfolgende nach einigen Augenblicken,
über einen auf dem Boden lagernden Körper stolpernd
und taumelnd. Ein zorniges Grunzen antwortete
dem Ausrufe des Dandy's, der, mit einer heroischen

Anstrengung sein Gleichgewicht behauptend und auf ein Paar energische Flüche des aufgescheuchten Schlä= fers die Antwort schuldig bleibend, eilig Reißaus nahm. Wir überlassen den Herrn seinem Jagdeifer und stel= len ihm derweil unseren Lesern als Don Magnifico Asdrubale Amilcare Concha de Panatellas y Correbo= res y Valdepenas, vor — textuell nach seiner wappen= prangenden Visitenkarten unverfälschtem Wortlaute. Don Magnifico war ein palermitanischer Edelmann, spanischen Ursprungs, wie sein ellenlanger Name zur Genüge verräth, altpunischen Geschlechtes, wie er selbst mit nicht geringem Stolze zu behaupten pflegte. Ein gutmüthiger Geck, harmlos und unschuldig im Grunde, und im gewöhnlichen Leben leidlich erträglich, wenn er nicht von seinen Vorfahren Hannibal und Hasdru= bal perorirte, besaß er hauptsächlich zwei hervorra= gende Eigenschaften: einmal eine nimmersatte, uner= träglich=zudringliche Neugierde und sodann eine außer= gewöhnliche Vorliebe für das reizende Geschlecht. Als Schleppträger dieser zwei Hauptthrannen seiner Per= son figurirten eine unausstehliche Schwatzsucht und eine unüberwindliche Feigheit, die beide diesen liebens= würdigen Charakter vervollständigen halfen. Don Magnifico war unerschöpflich für die Neuigkeitskrämer

und Skandalhausirer; Feuilletonsmarodeure und No=
tizenjäger suchten seinen Umgang mit Begierde, denn
es war höchst selten, daß nicht irgend eine Ausbeute
für die Spalten ihrer Tagesblätter dabei herausschaute.
In den Salons der Aristokratie führte er als Schma=
rotzer und Schleppträger abgeblaßter Schönheiten ein
herrliches Leben, obwohl ihm seine eclatanten Erfolge
in der Frauenwelt — wie er nämlich behauptete —
eine Legion von Feinden und Neidern erzeugt hatten.
Eine lange, phänomenal magere Gestalt, hagere Glied=
maßen in fortwährender Telegraphenbewegung, ein
ovales Olivengesicht mit einem langen, dünnen Bocks=
barte, graue, lauernde Augen und ein grimmig frisir=
ter Haarwuchs von rabenschwarzer, extravaganter Strup=
pigkeit bildeten eine Summe von Reizen, auf deren
Unwiderstehlichkeit ihr glücklicher Besitzer sich keine ge=
ringen Stücke einbildete.

Nach dieser wahrheitgetreuen Personalbeschrei=
bung holen wir unsern Helden wieder ein. Don
Magnifico kannte diesen Stadttheil, weshalb es ihm
nicht schwer sein mußte, der Dame unbemerkt bis in
eine finstere Sackgasse zu folgen und hinter ihr, von
der Dunkelheit begünstigt, sich in eine niedrige Thüre
hineinzuschleichen. Die Dame durcheilte einen finstern

Gang, kletterte dann mit einer wahren Katzengewandt=
heit mehrere steile, schmutzige Holztreppen, die mehr
Hühnersteigen glichen, hinauf und blieb vor einer
Thüre stehen. Don Magnifico zwängte seinen langen
Corpus in eine Mauervertiefung, hielt den Athem an
und lauschte. Die Besucherin wühlte indeß haftig in
ihren Taschen, zog einen Schlüssel hervor, ein Thür=
schloß knackte und sie verschwand. . . . .

Unser Hidalgo warf sich so geschmeidig und ge=
räuschlos, als möglich, auf die Thüre; sie gab nach und
— das Fieber der Neugierde gab ihm den Muth — beherzt
huschte er hinein. Dunkelheit umgab ihn, nur aus einem
Nebengemach brach Lichtschein unten durch den breiten
Spalt der schlecht schließenden Thüre, die übrigens zu
war. Da stand unser Held; in seiner Brust häm=
merte es beinahe hörbar, in seinem Hirne fieberte es
und es überkam ihn wie eine leise heranschleichende
Gespensterfurcht, seine Kehle röchelte trocken, seine
Stirn glühte, tausend Fratzen grinsten ihn aus der
Dunkelheit an . . . . plötzlich sträubten sich seine
Haare auf dem Haupte, Todesschweiß brach aus all'
seinen Poren, er horchte und horchte, schwere Tritte
dröhnten auf der Treppe. Er faßte die Thüre, doch,
o Grauen! . . . . sie war geschlossen; er rüttelte mit

der Kraft der Verzweiflung, die Thüre blieb fest, wie eingemauert. . . . . Offenbar hatte sie eines jener Schnappschlösser ohne Klinke, die von selbst zuschnappen und nur mit einem Schlüssel geöffnet werden können. Was hätte Don Magnifico de Panatellas nicht in diesem Augenblicke für einen Schlüssel gegeben?! Alle Neuigkeiten Europa's, alle Obalisken Asien's, alle Abelsbriefe der Welt! . . . . Unselige Neugierde!

Inzwischen waren die Schritte nahe gekommen, man streifte außen an die Thüre und das Knirschen eines Schlüsselbartes ward hörbar. . . . .

Halb ohnmächtig tappte Don Magnifico im Finstern herum, bis ein gütiges Geschick, Mitleid mit dem Geängstigten fühlend, ihm einen schweren Vorhang in die Hand gab, an den er krampfhaft angeklammert und auf allen Vieren kriechend sich in einen Alkoven hineinrollen ließ, wo er unter einem Bette regungslos liegen blieb.

In demselben Augenblicke öffnete sich die Thüre und zwei Männer traten ein. Der Eine schlug Feuer; die Flamme blitzt auf und der Unbekannte im blauen Ueberrock steht vor uns, begleitet von unserem alten Bekannten, dem Capitano Chemici, der instinctmäßig einen Späherblick um sich wirft.

Nachdem der Blaurock unserem Capitano mit einer höflichen Bewegung ein Fauteuil angeboten, verschwand er durch die Nebenthüre. Hier in einem ärmlich mö= blirten Gemache gähnte eine junge Negerin auf einer schmutzigen Ottomane und kaute Berberfeigen dazu. Auf ein fragendes Zeichen des Eintretenden nickte sie mit dem Kopfe, worauf der Blaue in ein Nebengemach trat.

Hier in einer geräumigen Pièce, der wir sogleich eine etwas eingehendere Beschreibung widmen werden, kauerte in einer Hängematte, weich zusammengerollt, wie eine ruhende Katze, die Marchesina, ein Buch in der Hand. Es war eine Abhandlung über die „Get= tatura" von Nicolaus Valetta.

„Wir warten," sprach sie mit dem Tone einer Königin und ihre blendende Hand dem Eintretenden ent= gegenreichend, fügte sie lächelnd hinzu: „Guten Abend, Gaëtano!"

Der Angeredete betrachtete das schöne Weib einen Augenblick, als wolle er es buchstäblich mit seinen Blicken verschlingen, dann sich begierig auf die dar= gereichte Hand stürzend, drückte er diese mit Leidenschaft an seine Lippen.

Die Marchesina schien mit dieser glühenden Pan= tomime zufrieden und begann:

„Er ist draußen?"

Gaëtano bejahte.

„Du hast ihm mit Deiner Maske neulich eine
wahre Gespensterfurcht eingejagt, Du warst köstlich,
meisterhaft, ein unnachahmlicher Doppelgänger, bei
meiner Seele!"

Der Mann lächelte geschmeichelt. Die Dame
begann wieder:

„Nun gilt es, ein neues Beispiel Deiner mysteriösen Kunst zu geben — denn Du bist in der That
ein großer, ein unerreichbarer Künstler, mein Freund.
Wer verstünde, wie Du, alle Gesichter anzunehmen,
alle Mienen, alle Stimmen nachzuahmen, die ganze
Eigenheit einer Person bis in's kleinste Detail, ihren
Gang, ihre Bewegungen, ja Wuchs und Körperbil-
dung mit so sprechender Treue wiederzugeben, daß kaum
eine Entdeckung des Betruges ·möglich ist. Du be-
sitzest Geheimnisse, um Deine Taille zu strecken oder
zu verkürzen, je nach der Person, die Du zu copiren
hast. Bald erscheinst Du colossal beleibt, wie Lorenzo,
mein Koch, bald erschrecklich mager, wie Don Magnifico de Panatellas und doch" — hier betrachtete die
junge Dame ihren Verehrer mit naiver Bewunderung
— „bist Du im Ganzen ein Mensch, wie's Viele gibt,

weder schön, noch häßlich, weder dick, noch mager, eher groß, als klein .... sage mir, Du Hexenmeister, wie machst Du Alles dies?"

Gaëtano lachte still und murmelte, sich zu der schönen Frau niederneigend:

„Du liebetolles Kind, die Hexe, die bist Du! Hast Du nicht die ganze goldene Jugend unserer Stadt behext .... und den Hexenmeister dazu?...."

„Du liebst mich, Gaëtano?"

„Mehr als meine Schwarzkunst, mein Augenlicht!"

Serpentina lachte und rief dann mit komischem Ernste:

„Gaëtano, Du bist der ewigen Verdammniß verfallen!"

„Ich? und warum?"

„Zuerst, weil Du mich, eine Sünderin, liebst, und dann wegen Deiner Schwarzkunst," lachte das junge Weib.

„Für Dich verdammt sein will ich gern, denn alle Paradiesesfreude ist mir kein Kaufpreis, wofür ich Deine Schönheit gäbe; doch meine Kunst, warum verdammt sie zur ewigen Flamme mich?"

„Weiß ich's?" rief Serpentina, „ich hab's gelesen, im großen Dante."

„Du haſt Dante geleſen?" fragte erſtaunt der Mime.

„Vor Jahren ſchon," antwortete die junge Frau, mit der Hand über die Stirn fahrend, als wolle ſie eine böſe Erinnerung hinwegwiſchen — „ja, vor Jahren. . . . ."

„Du weißt, daß ich mit der Tochter des Grafen von Montina in ſtrengſter Zurückgezogenheit erzogen wurde," fuhr Serpentina fort, „. . . . da laſen wir Beide den großen Dante . . . . Paradies und Hölle. . . . ."

„Puh, auch die Hölle?" ſchauerte Gaëtano zuſammen.

„Mein Aufenthalt im Paradieſe war von kurzer Dauer," murmelte die junge Frau mit einem bittern Lächeln; „in der Hölle dagegen befinde ich mich noch heute. . . . ."

„Undankbare!" flüſterte der Mime vorwurfsvoll.

„Weißt Du, wer mich aus dem Paradieſe gejagt?" fragte plötzlich heftig auffahrend die Marcheſina. . . . . „Eine Nebenbuhlerin, die mir die erſte Liebe im Herzen vergiftet hat, eine Nebenbuhlerin, die heute auf einem Heiligenpoſtamente prangt und doch — ſchuldig iſt. . . . . Du, Gaëtano, wirſt ihr

Geheimniß belauſchen, wir werden ihre Tugendaureole
zerreißen und Serpentina wird gerächt ſein!"

Das junge Weib hatte ſich hoch aufgerichtet, ihr
Auge glühte wild.....

"Und wo iſt dieſe Nebenbuhlerin, wer iſt ſie?"
fragte Gaëtano, unwillkürlich vor der drohenden Hal=
tung ſeiner Geliebten zurückbebend.

"Du kennſt ſie — Gelſomina, meine Jugendgeſpie=
lin, heute die Frau des General-Polizeidirectors."

"Die junge Gräfin Montina," rief erſtaunt der
Mime; "ſie iſt es, die Du ſo furchtbar haſſeſt?"

"Ja," erwiderte dumpf die Marcheſina, "wie
die Verdammten haſſen, unauslöſchlich, ewig....."

Eine Pauſe trat ein. Plötzlich fuhr die junge Frau auf:
"Haſt Du die Maske fertig?"

"Gemach," antwortete der Mime, "zuerſt erzähle
mir, um Dich zu erheitern, was Du in des alten
Dante "Inferno" über meine Kunſt geleſen haſt."

"Daß Du als Fälſcher in einem Pechſee ſieden
wirſt," erwiderte, halb ernſthaft, halb im Scherz, die
Marcheſina, "wie ein gewiſſer Schicci....."

"Diamine," lachte der junge Mann, "und was
hatte denn dieſer arme Teufel verbrochen?"

"Er hatte ſich durch den reichen Sinoni beſtechen

laſſen, die Perſon des verſtorbenen Buoſo Donati zu
copiren, um im Bette des eben Verſtorbenen ein für
den Sinoni günſtiges Teſtament zu fabriciren."

„Hoho," ſcherzte halbernſt Gaëtano, „das iſt
etwas Anderes; einen Todten nachzuahmen, iſt eine
Entweihung, und dann hat Dein Schicci ein „Fal=
ſum" verfertigt, der Kerl hat nur, was er verdient,
wenn er in einem Pechſee Bäder nehmen muß." Mit
dieſen Worten öffnete er einen Kaſten mit klirrenden
Meſſingzierrathen und zog eine ungemein fein gear=
beitete, dünne Maske aus Kautſchuk hervor, die ein
wahres Kunſtwerk in Beweglichkeit und Bemalung ge=
nannt werden konnte. Die Maske ſah aus, als wäre
ſie aus flüſſigem Kautſchuk gegoſſen und mußte, auf's
Geſicht angepaßt, allen Muskelbewegungen willig fol=
gen. Trefflich angebrachte Stahlfedern gaben der untern
Kinnlade die größte Geſchmeidigkeit.

„Wunderbar," rief entzückt Serpentina. „Nun
ſchnell an die Toilette und liefere mir eine Copie des
jungen Paters Reſurrecturus, die Alle, ſelbſt mich,
täuſchen ſoll!"

Während der Vorbereitungen des Mimen zu
dieſer Toilette liefern wir eine gedrängte Skizze ſeiner
Perſon und ſeines myſteriöſen Ateliers. —

Gaëtano Palma, eine zu unserer Zeit in Palermo wohlbekannte Persönlichkeit als Cicerone von
Profession, repräsentirte den eminent sicilianischen
Typus eines „Ruffiano", das heißt, eines Universal-
genies in der weitesten Bedeutung des Ausdruckes.
Alle möglichen Beschäftigungen vereinigend, war er
bald Kunsthändler, bald Liebesmercur, dann Alter-
thümerfabrikant oder Frembenführer, hier Gemälde-
kenner, dort Münzensammler, einmal, wenn Noth an
den Mann ging, Bravo, und endlich wieder harmlo-
ser Waarenmakler. Palma handelte mit alten Cameen, Tuneser Pfeifen, Messinenser Seidenschärpen,
Lavaschnitzereien, farbigen Statuetten, Münzen aus
der Normannen-Epoche, die er für die Mylords aus
alter Bronce schnitt und nach selbstgravirten Stem-
peln prägte, und endlich mit nagelneuen Salvator
Rosa's, Giordano's und Novelli's, die er trefflich mit
einem venerablen, täuschenden Firniß um ein paar
hundert Jahre zurückzubatiren verstand. Unter allen
seinen Talenten jedoch war seine Fertigkeit, Gesicht,
Gestalt, Geberden- und Mienenspiel anderer Personen
nachzuahmen, das Bewundernswertheste, insofern er darin
mit den renommirtesten Mimen des mittelalterlichen
Italiens gewetteifert hätte. Garrick, der seinen Freund

Hogarth in der Maske des verstorbenen Fielding so grünblich täuschte, war kaum geschickter, als Gaëtano Palma. An den Wänden hingen Zeichnungen und Photographieen solcher Personen, die Gaëtano bei verschiedenen Intriguen copirt hatte. Alte, halbfertige Bilder standen hier, halbmodellirte Statuetten dort, und vor einem mächtigen Ankleidespiegel paradirte eine ausgepolsterte Probirpuppe aus der Familie der „Mannequins". Glaskästen ringsum bargen einen ganzen Plunderkram zu Verkleidungen, wie man ihn sonst nur in der Bude eines Trödeljuden vorzufinden pflegt. Ein Tisch mit Farbentiegeln, Schminktöpfchen, Flacons aller Formen, Zangen, Scheeren und wunderlichen Instrumenten completirte die phantastische Einrichtung dieses originellen Ateliers. — Jetzt war Gaëtano's Toilette vollendet, Kutte, Tonsur, Bart und Maske, Alles war angelegt und Serpentina stieß einen Schrei der Verwunderung aus.

Der gefeierte Liebling der Damenwelt Palermos, der Abgott des Volkes, der junge Kapuzinerpater Resurrecturus, stand vor der entzückten Marchesina. „Er lebt und athmet," rief das junge Weib, „wirklich unglaublich!" In der That war Gaëtano verschwunden und an seiner Stelle war es der Kapuzinerpater,

der lächelte, auf und ab ging, den Mund öffnete und
sprach . . . . Alles durch die Person Palma's, der sich
so ungezwungen bewegte, als hätte er nie in einer
andern Haut gesteckt. Einen Augenblick verschwand
jetzt Serpentina durch eine in den Alcoven führende
Thür und kam alsobald mit dem Capitano Chemici
an der Hand zurück, der, nicht wenig erstaunt ob der
Anwesenheit eines Kapuzinermönches, unwillkürlich zu=
rückprallte.

„Kennt Ihr diesen Kapuziner, Capitano?" fragte
Serpentina.

„Bei meinem Antheil am Paradiese," rief Je=
ner, „dies ist der Pater Resurrecturus vom großen Ka=
puzinerkloster bei der Porta Nuova."

„Herrlich," jubelte die junge Frau, „findet Ihr
den Pater ebenso täuschend, als Ihr Euch vor acht
Tagen in meinem Boudoirspiegel gefunden habt?"

Chemici starrte den Mönch mit offenem Munde
an und rief: „Wäre er's etwa nicht?"

„Signor, Signor," drohte die Frau mit komi=
schem Ernste, „Ihr habt einen Meineid geschworen;
ein Glück, daß Ihr etwas verwirkt habt, was Euch
ohnedem nie angehört."

„Wie meint Ihr das, Signora?"

„Ich meine Euren Antheil an den Paradieses=
freuden," lachte das junge Weib. . . . . „Was die=
sen Kapuziner hier betrifft, so stelle ich Euch Euren
Doppelgänger von neulich, heute den Doppelgänger
des Paters Resurrecturus vor."

„Ich gestehe, Signor," rief der Commissär, „daß
Ihr ein Meister in der Kunst der Mimen seid."

„Ihr habt zwei Proben dieser Kunst erfahren,"
rief Serpentina, „und könnt zufrieden sein."

„In der That," fuhr Chemici fort, „ich hätte
Euch in allen Höllen für diesen verwünschten Mönch
genommen, der das Volk aufwiegelt durch seine hirn=
verbrannten Salbabereien von Gewissensfreiheit, Duld=
samkeit und anderem Unsinn wühlerischen Inhaltes.
Wie oft schon habe ich Sr. Excellenz diesen bleichen
Pfaffen als grundverdächtig und eminent staatsgefähr=
lich zur Kur in einer Vicariatszelle empfohlen!"

„Jetzt wäre der Augenblick, diesen Mönch un=
schäblich zu machen," rief Serpentina mit einem sol=
chen Eifer, als hasse sie Ruggiero von Santa Lucia
nicht weniger, als sie Gelsomina verabscheute, „oder
vielmehr, er muß wenigstens unter jeder Bedingung
verhindert werden, nächsten Sonnabend mit Gaetano
in der Matrice zusammenzutreffen."

„Warum dies?" fragte Chemici.

„Weil Gaëtano, um sich des Geheimnisses der Signora Maniscalco zu bemächtigen. . . . . Doch halt, was war das?" fuhr plötzlich die Marchesina in die Höhe, um zu horchen.

„Was habt Ihr?" fragten die beiden Männer.

„Mir war's, als hätt' ich ein Geräusch gehört, einen Seufzer dort von der Thür des Alcovens her . . . . öffne doch, Gaëtano!" Der Mime ge= horchte. . . . .

Alle Drei traten näher; Zita, die Negerin schnarchte auf dem Bette ihres Herrn, der lachend ausrief:

„Das ist nicht das erste Mal! Zita schläft ein beim Stehen; sie muß einen Teufel in sich haben, der immer schlafen will."

Die drei Complottirenden waren beruhigt. Einige Augenblicke setzten sie ihre Besprechung leise fort, bis der Polizeicommissär ausrief:

„Es wird schwer sein, dieser vermaledeiten Ka= puzinerkutte beizukommen: das Volk hält den Pater für einen Heiligen, behauptet, er habe Visionen, und dergleichen Hirngespinnste mehr, es betet ihn förmlich an, ich glaube wirklich, es wäre ein Aufstand zu be=

fürchten, — doch ich werde das Möglichste thun, da mir das Blaßgesicht längst ein Dorn im Auge ist."

„Es muß in jedem Falle sein!" sprach energisch die Marchesina.....

Spät trennte man sich. Als Serpentina und der Commissär hinunterstiegen, flüsterte die Erstere:

„Noch keine Details über den Geheimniß= vollen?"

„Wir sind auf der Spur," antwortete der Ca= pitano.

„In Wahrheit?" rief die junge Frau, „ich wäre Euch zum größten Danke verpflichtet, Signor Che= mici!"

Fünftes Capitel.

Der Emissär der Giunta.

Hinter der zierlichen Kirche Santa Ninfa bringt ein enges, dunkles Gäßchen nach einem kleinen Platze heraus, dessen Mitte eine einsame Platane ziert. Hier ist's immer freundlich und still, kein verlottertes Ge= sindel lungert hier in der Sonne, keine Spur giebt's hier von dem häßlichen Aussatze der Gewohnheitsbettelei und sündigen Faulheit, der überall sonst Palermo, die Tochter der Könige, bedeckt. Reinlicher und arbeitsamer sieht es hier an den Hausthüren aus, und hin und wieder erfrischt sich das Auge an einer grünumrankten Terrassenlaube, aus deren Halbdunkel ein feingezeichnetes Frauenprofil hervortaucht. Wir treten in eines der zum großen Theile von Bildhauern, Alabasterschnitzern und Lava-Arbeitern bewohnten Häuser ein. Eine Matrone empfängt uns auf der Schwelle, stattlich, würdevoll, das braune Antlitz von einem Wollkopftuche umrahmt, ähnlich dem Kopfputz der biblischen Frauen. Freundliche Milde überhaucht die ernsten, regelmäßigen Züge, auf denen im Augenblicke eine schmerzliche Besorgniß zu lesen ist. Schon dunkelt der Abend und ängstlich späht die Alte über den Platz hin. Jetzt erklingt eine kräftige, jugendliche Frauenstimme: „Guten Abend, Mammina,"*) und zwei braune Arme umschlingen sie mit unwiderstehlicher, neckischer Gewalt.

„Lilla!" rief die Alte lächelnd, die Liebkosung erwidernd. Jetzt erst bemerkte die Neuangekommene die Unruhe auf dem Antlitz der Alten. Eine Porzellan-

---

*) Mütterchen.

schale mit einem jener köstlichen Ziegenrahmkäse, welche das Volk in Palermo „ricotte" nennt, niederstellend, fragte sie besorgt: „Mammina, was ist Euch?" und dann plötzlich auffahrend: „Antonio —?"

„Antonio ist seit gestern Abend nicht zurückgekommen," murmelte die Alte.

Lilla versank in Nachdenken. Es war ein Prachtgeschöpf, diese Tochter Siciliens. Ihre schlanke Gestalt trug ein bei Frauen seltenes Gepräge von Energie und Unbeugsamkeit. Die heiße, goldbraune Incarnation, rein und fleckenlos wie corinthische Bronce, das tiefschwarze Feuerauge, klein zwar wie das der milesischen Venus, doch ungemein ausbrucksvoll, verriethen Vulkane von Leidenschaften, Schätze von Liebe und Haß, eine unerschöpfliche Fülle von Kraft und Milde zugleich. Afrikanerblut glüht in diesen Adern, nnd Nase, Stirn und Lippen sind von einer Bildung, als hätte dies Weib lächelnde Sphinxe unter seinen Ahnen gehabt. Das blauschwarze Wunderhaar schmiegt sich, schneckenartig gewunden, in zwei dichtgeflochtenen Zöpfen an die Schläfen, ein Haarputz, der an die Häupter der geheiligten Widder erinnert. Ein schwarzseidenes Kopftuch, lose umgewunden, drapirt mit glücklichem Effecte zugleich einen

Theil der Büste, deren Schätze in einem halboffenen Mieder, vorn mit zwei breiten, durch eine Silberkette verschnürten Seitenlätzen, eingeschlossen sind. Ein fast bis zum Knöchel reichender dunkelblauer Faltenrock vervollständigt das malerische Costüm der jungen Palermitanerin.

Noch standen die beiden Frauen schweigend einander gegenüber, als plötzlich Lilla aufjauchzte: „Antonio!"

Eine jugendliche Männergestalt war rasch hervorgetreten.

„Gehen wir hinein," sprach der junge Mann mit einem sanften Lächeln. Antonio Maratta war der beste und talentvollste Cameenschneider Siciliens. Drinnen im traulichen Gemache zwischen blühenden Myrthengebüschen, die für Lilla's Brautkranz grünten, war sein Künstlerplätzchen. Hier war es, wo er aus dem orangenbraunen Sardonyx und dem orientalischen Onyxagathen jene idealen Cameenköpfe herauszauberte, die allen Kunstkennern Palermos lieb und werth waren. Ein hübscher, brauner Bursche mit einem Wald von Lockenhaaren, einer mehr nervös schmächtigen, als kräftigen Gestalt, schien er im ersten Augenblicke mehr wollen, träumen und lieben, als handeln zu können.

Doch dies war nur der erste, flüchtige Eindruck seiner
weichgraziösen Bewegungen, seines sanften, seelenvollen
Auges, denn bald kam man bei näherem Umgange
zur Ueberzeugung, daß in dieser zarten Künstlerhülle
eiserne Willensfibern zitterten, und ein tiefer Drang
zu großen, herrlichen Thaten die scheinbar kränkelnde
Brust erfülle.

Antonio saß, das Haupt in die Hände gestützt,
die beiden Frauen beobachteten ihn mit ängstlichem
Schweigen.

„Lilla, mein Augenlicht, und Du meine Mutter,"
sprach er endlich, „Ihr wart wohl recht besorgt
um mich, vergebt mir, es war eine Pflicht, die
mich rief."

„Eine Pflicht?!" wiederholten die beiden Frauen.
Lilla umschlang des Geliebten Hals. „Antonio,
Du verbirgst mir etwas," flüsterte sie.

„Meine Seele, frage nicht," antwortete der junge
Mann sanft abwehrend.

Von draußen ließ sich jetzt eine Stimme verneh=
men: „Per l'amor di Dio, öffnet!"

Die Frauen schauten sich fragend an. Lilla trat
auf einen Wink ihres Geliebten hinaus, um zu öff=
nen. Ein Bettelmönch erschien auf der Schwelle.

„Per l'amor di Dio," wiederholte er etwas leiser. „Für die unglücklichen Brüder der blauen Insel."

Antonio war mit einem Sprung in die Höhe,
den Bettelnden mit einem tiefen Forscherblicke musternd.

„Ich bitte Euch, meine Lieben, laßt mich mit
diesem Manne allein!" sprach er dann zu den beiden
Frauen. Diese verließen gesenkten Hauptes das Zimmer, das der Künstler sorgfältig hinter ihnen ab-
schloß. Sobann hart an den Bettelmönch herantre-
tend, erhob er den Zeigefinger der rechten Hand und
flüsterte: „L'Italia!" . . . .

„Una," erwiderte der Fremde, die Pantomime
nachahmend.

„Welches ist der König der Bäume?" fragte
Maratta leise.

„Der Korallenbaum," flüsterte ohne Zögern der
Andere.

„Wann blühet der Korallenbaum?" fuhr der
Künstler fort.

„Wenn es Zeit ist, daß Tyrannenblut die blaue
Insel tränke," lautete die Antwort.

„Wie blühet der Korallenbaum?" war die dritte
Frage Antonio's.

„Dunkelroth, wie das Blut der Feinde des Vaterlandes," sprach mit tiefer Stimme der Mönch, seine Kapuze rasch zurückschlagend.

Der Geheimnißvolle der Marina, der Unerklärliche Serpentina's steht vor uns.

„Ihr seid Fantasio Camponero," fragte Maratta mit dem Ausbrucke tiefen Respektes.

„Ich bin es, Bruder Antonio Maratta!"

Der junge Sicilianer neigte die Stirn vor dem geheimen Abgesandten der „Giunta" in Genua.

„Wir glaubten Euch verloren, Signor Fantasio," begann der Künstler nach einer kleinen Pause.

„Ihr täuschtet Euch nicht, ich war in großer Gefahr, Euer Bote suchte mich umsonst bei der Kalsa, nicht wahr?"

„So ist's, Signor, wir fürchteten, die Leute Manifcalco's seien Euch auf der Spur....."

„Sie waren es," unterbrach ihn der Emissär; „ich konnte mich nicht zeigen, ohne von verdächtigen Individuen verfolgt zu werden. Dreimal kehrte ich nach Ustica zurück und dies ist schon das dritte Kleid, das ich angenommen . . . es war ein eigenthümliches Verhängniß, das mich bis nach dem Zafferano verfolgte. Ihr habt mich seit gestern in der Sackgasse bei der Marina wieder erwartet, Signor Maratta?"

„Seit gestern Abend sieben Uhr bis vor wenigen Augenblicken," erwiderte Antonio, „ich verzweifelte schon."

„Erst heute Abend gelang es mir, die verwünschten Spione zu täuschen, denn es scheint gewiß, daß die Herren von der Polizei Wind bekommen haben. Könnt Ihr mich im schlimmsten Falle hier verbergen?"

„Nicht bei mir — wegen der Frauen," versetzte der Künstler, „aber bei unserm Bruder Sampieri ganz in der Nähe."

In diesem Augenblick ward hastig an die Thüre gepocht. „Antonio," ließ sich die gedämpfte Stimme der Matrone vernehmen, „Sbirren kommen von der Ninfa über den Platz herüber."

„Sie sind mir wieder auf der Spur," flüsterte der Mazzinist, „bei meiner Seele, es ist mir unbegreiflich. Es muß Jemand ganz besonders die Aufmerksamkeit der Spürhunde auf mich gelenkt haben — oder der Böse ist mit im Spiel."

Antonio öffnete rasch die Ausgangsthüre, um jeden Verdacht zu beseitigen und raunte dann dem Emissär zu: „Folgt mir, es ist keine Gefahr!"

Mit diesen Worten zog er den Fremdling in ein Nebengemach. Dort stiegen Beide eine steile Treppe

hinan, die zu einer auf einen einsamen Hof hinaus=
gehenden Terrasse führte. Hier lag eine Leiter, welche
Antonio an die Mauer anlegte, um zu einem hoch=
gelegenen Fenster des Nebenhauses zu gelangen, das
die Aussicht auf die Terrasse hatte. Oben angekommen,
pochte er leise an die Scheiben, das Fenster öffnete
sich, es wurden einige rasche Worte gewechselt und
der Künstler winkte dem Bettelmönche. Dieser war
in einem Nu oben, die Leiter wurde hinaufgezogen
und das Fenster schloß sich wieder geräuschlos. Alles
schien hier für eine solche Flucht vorbereitet. In
demselben Momente waren die Sbirren an Antonio's
Hausthüre angekommen. Die Matrone empfing sie
an der Thüre.

„Im Namen des Vicekönigs!" sprach ein Com=
missär barsch, mit einem Fußtritt die Thür aufstoßend.

„Wen sucht Ihr, Herr?" fragte ruhig die Alte.

„Was ficht's Euch an, Weib?" herrschte der
Sicherheitsbeamte; „voran, zeigt den Weg!" und zu
seinen Akolythen gewendet: „Dreht die Bude von unten
bis oben um! Ist der Vogel hier, wird er schon aus=
gehoben werden."

Die Polizeibeamten machten sich auf die Fährte,
gefolgt von der Matrone. Der Commissär betrach=

tete indeß als Kenner eine kleine Sammlung von
Cameen, wahre Prachtstücke, die Antonio in einem
Glaskasten verwahrte. Lilla, unbemerkt in einer
Ecke sitzend, folgte den Bewegungen des Mannes mit
einem Blicke voll Haß und Mißtrauen. Mit einem
Male öffnete der Beamte verstohlen den Deckel des
Glaskastens, holte einen schönen Sardonyxkopf von
seltener Arbeit heraus, betrachtete ihn genau mit bei=
fälligem Kopfnicken und ließ ihn dann gemächlich in
seine Tasche hineingleiten.

„Was macht Ihr, Herr?" rief plötzlich das Mäd=
chen, Schamröthe im Angesicht über die That des
Unverschämten und dem frechen Diebe entschlossen ent=
gegentretend.

„Was wollt Ihr, Dirne?" schnaubte der Er=
tappte wild.

„Ihr habt aus diesem Kästchen etwas heraus=
genommen!"

Der Commissär warf der jugendlichen Anklägerin
einen Natternblick zu, drehte sich um und sprach mit
einem höhnischen Lächeln:

„Ihr träumt, Signorina."

Eben wollte das Mädchen antworten, als die
Sbirren wieder zurückkamen.

„Keine Spur!" rief Einer der Blauröcke mit einem gottesläſterlichen Fluche, der im Munde ſeines ſaubern Vorgeſetzten ein würdiges Echo fand.

„Stumpfnaſen," murmelte der Commiſſär, dann ſchrie er: „Fort, Jungens, durchſchnobert die Gaſſen ringsum, allegri!"

Sich dann an Lilla, die wie erſtarrt daſtand, wendend, flüſterte er:

„Vergiß nicht, mein Kind, daß noch Schönere, wie Du, die eiſerne Ruthe verkoſtet haben, felicissima notte" — und der ganze häßliche Spuck verſchwand nach Außen. Dieſer pflichtgetreue Sicherheitsbeamte hieß Francesco Carrega. — —

Die beiden Frauen durchwachten eine lange Nacht. Gen Morgen, als Antonio heimkehrte, empfing ihn Lilla an der Schwelle. Ihn auf die Seite ziehend, ſprach ſie mit Nachdruck: „Antonio, ich fordere von dieſer Stunde an meinen Antheil an den Gefahren, die Dich umgeben!"

Der junge Künſtler ſah ihr tief in's Auge und zog das kühne Mädchen an ſein Herz. — —

Der Leſer erinnert ſich, daß wir den armen Don Magnifico in einer unendlich mißlichen Lage zurückgelaſſen haben. Mehrere Male wäre der arme Teufel

unter dem Bette um ein Haar entdeckt worden, indem
Zita, die Negerdienerin Gaëtano's, diesen Abend fast
alle unentbehrlichen Toilettengegenstände ihres Herrn
verlegt oder verstellt hatte und deshalb überall darnach
herumstöberte. Nachdem der Ruffiano seine faule Magd
nach allen Noten ausgescholten, kam er endlich zur
Ruhe. Mit einem unbeschreiblichen Gefühl von Her=
zenserleichterung lauschte der Versteckte den tiefen Athem=
zügen des Schlafenden. Jetzt war der Augenblick, die
goldene Freiheit winkte! Geräuschlos erhob er sich
und tappte auf allen Vieren kriechend, um sich zu
orientiren. Nach langem Hin= und Herkriechen, Tappen
und Tasten begegnete endlich seine Hand einem Thür=
schloß und, o Glück, einem Schlüssel darin. Blitzschnell
drehte er den Schlüssel um, entschlossen, mit einem
einzigen Sprunge über die Treppe hinabzufliegen.
Die Thüre öffnen, eine verzweifelte Bewegung nach
außen machen, in demselben Augenblicke jedoch unter
einem furchtbaren Gepolter, Geklirre und Gerassel zu=
rückprallen, waren drei Bewegungen, die kaum mehr
als die Spanne einer Secunde ausgefüllt hatten.
Don Magnifico war betäubt zu Boden gestürzt und
über ihn weg eine ganze klirrende, rasselnde und
prasselnde Lawine von Gläsern, Tellern, Flaschen und

Schüsseln, den Unglücklichen unter ihren Trümmern
begrabend.

In demselben Augenblicke schlug posaunenmächtig
eine Stimme an das Ohr des Verschütteten:

„Bei der Hölle und ihren Bewohnern, was soll
dieser Lärm, wie am jüngsten Tag?"

Ein Funke sprühte und es ward Licht, helles, ver-
rätherisches Licht — welches das ganze Bild in seiner
ungeheuren Trostlosigkeit beleuchtete.

Mit einem Sprunge faßte Gaëtano den unglücklichen Edelmann an der Gurgel.

„Hah, briccone, Du raubst mich in meinem
eigenen Schlafgemache aus? Warte, Du sollst nicht so
leichten Kaufes davon kommen!"

Mit diesen Worten hagelte und wetterte der furchtbare Ruffiano mit einer wahren Berserkerwuth auf
den Unglücklichen hinein, der unter der Fluth von
Faustschlägen, Püffen und Fußtritten vergebens auf
die Beine zu kommen suchte. Endlich erlahmte der
Arm Gaëtano's und der Gemißhandelte erhob sich
mühsam, zerbläut, zerschunden, lendenlahm und aus
mehreren Wunden blutend, die ihm der zerbrochene
Glaskram gerissen. Erschöpft und halb ohnmächtig
ließ er sich in einen Sessel fallen, worauf dem rache-

gesättigten Ruffiano bei genauerer Musterung seines
übel zugerichteten Gegner's die Idee kam, er habe es
doch nicht mit einem Diebe zu thun.

„Wer seid Ihr?" fuhr er den Unglückseligen in
mißtrauischem Tone an.

„Wenn Ihr mir Zeit gelassen hättet, meine Gegenwart hier zu erklären, anstatt mich ohne Verhör
und vorläufige Explication so unchristlich zu zerbrechen,"
entgegnete Don Magnifico, das von seiner Stirn rie-
selnde Blut abwischend, „so wüßtet Ihr schon längst,
wer ich bin, denn . . . . ."

„Laßt das Geschwätz, erklärt Euch!" unterbrach
ihn unwirsch der Mime.

In wenig Augenblicken hatte der gestrafte Neu-
gierige den Ruffiano von dem Verlaufe seines Aben-
teuers in Kenntniß gesetzt. Während er sprach, musterte
ihn dieser mit einem Kennerblicke, als ob er den Werth
der Kleinodien des Stutzers abschätzte. Als Magnifico geendet hatte, erhob sich Gaëtano drohend und
rief mit furchtbarer Stimme:

„Bei meiner Seele, Ihr habt gehorcht; bereitet
Euch zum Tode vor!"

Dem armen Don Magnifico de Panatellas rieselte die Todesangst, tropfenweise, durch Mark und

Bein. Gaëtano stand vor ihm, die Augen furchtbar rollend, unheilschwangere Grimassen schneidend. Magnifico taumelte auf die Kniee. „Gnade!" wimmerte er zähneklappernd.

„Schwört mir, daß Ihr nichts gehört habt!" donnerte der Entsetzliche.

„Ich schwöre es bei allen Heiligen und Märtyrern," winselte der Unglückliche.

„Gut, steht auf!" sprach beruhigt der Ruffiano. „Ihr sollt leben und im Augenblicke frei sein; doch wir haben noch zuerst ein kleines Geschäftchen zusammen zu ordnen, nur eine Bagatelle, seid ohne Furcht! Hättet Ihr vielleicht die Summe von 1000 Tari bei Euch, Ihr versteht, als Entschädigung für die heillose Verwüstung, die Ihr in meinem Buffetschrank angerichtet habt?"

Dem unglückseligen Edelmann begann's im Geiste zu dämmern. Ein Blick auf den Ruffiano überzeugte ihn von der Fruchtlosigkeit jedes Widerstandes. Er begann also damit, ohne Murren seine Börse auszuliefern, deren Inhalt Palma gemächlich zählte. „Ist zu wenig," sprach er mit einem geringschätzigen Lächeln, „ich kann Euch keinen „picciolo" an der Summe nachlassen. Doch sieh, Ihr habt hier einen Solitär, den

ich kenne, hättet Ihr ihn vielleicht gefunden? Ich
habe einen solchen, genau denselben, vor kurzem verloren, zeigt doch her!" Mit diesen Worten zog er die
kostbare Busennadel Don Magnifico's aus der Sei-
dencravatte, wo sie seit kurzem erst das Entzücken der
Damen gewesen war.

De Panatellas schnitt eine trostlose Grimasse.

„Und diese lange, dicke Goldkette," fuhr der ge-
müthliche Räuber fort, „steht Euch, der Ihr so mager
seid, durchaus nicht zu Gesichte; vielleicht könnte sie
die Entschädigungssumme abrunden helfen."

So sprechend, machte sich der Mann ganz ruhig
daran, die Goldkette abzuwickeln, welche die Brust des
Stutzers, wie die Schlangen von Tenedos die Brust
Laokoon's, mit ihren zahlreichen Windungen umflocht.
Einen Augenblick später hatten die goldnen Ringe, so
wie alles auf der gemaaßregelten Person des Elegants
befindliche Werthvolle das jammervolle Schicksal von
Solitär und Kette getheilt. Nach Beendigung dieser
mit aller Urbanität ausgeführten Operation wünschte
der Ruffiano seinem Opfer auf das Liebenswürdigste
eine angenehme Ruhe und schob den Hartgeprüften
zur Thüre hinaus. Mit einem Sprung war unser
Held die Treppe hinab; mit zerrissenen Kleidern, zer-

rauften Haaren, blutendem Antlitze, ohne Hut, den er
in der Eile vergessen hatte, durchrannte er die dunklen
Gassen, über Stock und Stein, sturmwindbeflügelt,
angstgepeitscht .... Am Eck der San Dionysius-
straße carambolirte er mit schädelzerschmetternder Heftigkeit gegen ein Individuum, das ein böses Geschick zur
bösen Stunde hierher geführt hatte. Magnifico wollte
weiterstürzen, doch der Getroffene hielt ihn mit unglaublicher Wuth fest, den unheilvollen Krähenruf ausstoßend: „al ladrone, al ladrone" (Ein Dieb)!

Vergebens zappelte und zerrte der von Neuem
Gefangene unter der eisenfesten Faust des Unbekannten.
Im Momente wuchsen von allen Seiten unheimliche
Gestalten wie aus der Erde hervor. Es waren Polizeiagenten, in deren Hände Don Magnifico gefallen
war. Sein ganzes Aussehen schien wohl der Art,
daß man einen „ladrone" vor sich zu haben glaubte.
Die ganze Person des armen be Panatellas war hoch-
verdächtig, weshalb allen Betheuerungen und Ver-
sicherungen zum Trotz die Polizeimänner nicht den
mindesten Anstand nahmen, den Unglücklichen mit sich
fortzuschleppen.

Vor den Obercommissär Chemici gebracht, glaubte
Don Magnifico, stante pede frei zu werden, denn Che-

mici war Einer seiner Bekannten. Darin täuschte er sich jedoch gewaltig. Zur geeigneten Stunde nämlich erinnerte sich der Polizeibeamte, daß der eitle Edel= mann unter den Verehrern der Signora Maniscalco als sein Nebenbuhler aufgetreten war, und beschloß, sein Müthchen an dem Rivalen zu kühlen, da sich ein= mal die prächtigste Gelegenheit dazu darbot.

Auf die allerdings entstellte Erzählung des Stutzers, — denn Don Magnifico hütete sich aus leicht be= greiflichen Gründen, die Wahrheit zu sagen, — er= widerte Chemici mit einem Schmunzeln:

„Ein Erzschelm, dieser Don Magnifico be Pa= natellas!" und sich stellend, als glaube er kein Wort von dem Erzählten, verurtheilte er den armen Teufel zu vier Tagen Gefängniß.

Der Nachkomme Hannibal's büßte die Strafe für seine Neugierde ab, schwor aber dem gleißnerischen Chemici eine furchtbare Rache. Man muß die Kleinen nicht verachten; vielleicht ist die Stunde nicht fern, wo Chemici es bitter bereuen wird, in das harmlose Herz seines Nebenbuhlers das Gift der Rachelust ge= träufelt zu haben.

———

Sechstes Capitel.

Der Doppelgänger.

Am Eingange der Piazza pretoria, unweit der alten Cocanba del Garofolo steht ein einladendes Erfrischungszelt. Die dunkelrothen Blüthentrauben des Korallenbaumes schmücken, wie eine purpurgefranzte Draperie, die offene Vorderseite.

Hier schaltet und waltet Lilla in ihrem winzigen Blumeneden. Mitten im Zelte plaudert ein Krhstrall-strahl traulich mit den dufttrunkenen Blumenkindern, die ringsum schauern. Goldorangenpyramiden thürmen sich zwischen Opunzien, wo die dreifarbige Beere lockt, hinter Mhrthen und Oleander blitzen Krhstallvasen mit metallschillernden Fischen; überall lachen Blumensträuße und immergrüne Schlinggewächse festonniren in capri=ciösen Windungen die Zeltwände. Duftenden Hollunder-wein gibt's da allezeit vom Besten, Eistrank und Limonaden in reichster Auswahl. Außerdem hat die Braut Antonio Maratta's nicht Ihresgleichen, um Fruchtkörbchen und allegorische Bouquets für die vor=nehme Welt zu arrangiren. Mancher Tageslöwe hätte bei solchen Gelegenheiten seine Herzenskönigin für ein

Lächeln der schönen „Aquacuola" zur Stunde ver=
läugnet, aber Lilla war zu karg im Lächeln mit der
männlichen Kundschaft, deren verliebtes Phrasenge=
klimper bei dem schönen Mädchen durchaus kein
Echo fand.

Sonnabend ist's zur Stunde der Vespri.

In Träumen versunken sitzt Lilla, aus Aloebast
ein Körbchen flechtend. Da fährt sie empor . . . .
Eine pflastertättowirte Maske schneidet so wunderlich=
kläglich Grimassen, daß die junge Aquacuola in ein
lautes Lachen ausbricht.

Jetzt erscheint der Eigenthümer der Maske selbst,
Don Magnifico . . . . Lilla winkt dem jungen Edel=
mann einzutreten, und der Glückliche folgt der Ein=
ladung mit einem Sprung, wobei er, über einen Blu=
mentopf stolpernd, in einen Korb mit malteser Orangen
niederfällt, mit beiden Händen eine kostbare Schling=
pflanze herabreißend, an die er sich in seiner Ver=
zweiflung angeklammert hatte.

„Vossignoria hat mir für mindestens zwei Ducati
Schaden angerichtet; Ihr seid ein kostspieliger Besuch,
bei meiner Seele!" rief Lilla halb lächelnd, halb
ärgerlich.

Don Magnifico schnitt aus seinem Orangenkorbe

eine so lamentabel perplexe Miene, daß ein Marmor=
block sich erweicht gefühlt hätte.

„Kommt doch her," fuhr das Mädchen fort, „Ihr
zerquetscht mir ja alle meine schönen Orangen, setzt
Euch und erzählt mir etwas Neues!"

Der Stutzer gehorchte mit einem wahren Armen=
sünbergesichte.

„Vor Allem," hub Lilla wieder an, ihren Verehrer
genau musternd, „sagt mir, Signor, wo und wie Ihr
so jämmerlich zugerichtet worden seib, daß man glau=
ben möchte, der leibhafte Gottseibeiuns habe Euch in
seinen Krallen gehabt?"

Don Magnifico, den Finger geheimnißvoll auf
die Lippen legend, flüsterte: „Dies ist ein tief Ge=
heimniß!"

„Pah," rief das Mädchen mit komischem Schau=
bern, „da ist am Ende doch der Böse mit im Spiel?"

„Beinahe," erwiderte Don Magnifico unheimlich.

„Und wie kann man dies Geheimniß erfahren?"
fragte Lilla lächelnb.

„Wenn Ihr heute Abend zur Vesper in die Ma=
trice gehen wollt, schöne Sphinx."

„Dann muß ich darauf verzichten," antwortete
die Aquacuola mit einem Seufzer, „benn Samstag

Abends gibt's zu viel zu thun hier, ich kann das Zelt nicht verlassen."

„Schade, Jammerschade!" bemerkte de Panatellas mit einem geheimnißvollen Lächeln, „Ihr hättet da heute gar wunderbare Dinge zu sehen bekommen . . . ."

Lilla schaute den Edelmann groß und fragend an. Don Magnifico schlürfte das Spannende der Situation mit einer wahren Gourmandmiene.

„Ihr habt schon von einem Doppelgänger reden hören, Signora?" fragte der Stutzer nach einer Weile.

„Ein Doppelgänger, was ist dies?"

„Ein Doppelgänger," erklärte Don Magnifico mit Emphase, „ist ein Mensch, der doppelt umhergeht, oder vielmehr ein doppelter Mensch, der nur Einer ist, versteht Ihr?"

„Nicht im Mindesten," antwortete Lilla naiv.

„Das macht nichts," brummte der Stutzer . . . „O Volksbildung, du bist noch ein leerer Wahn!" . . . dann fügte er laut hinzu: „Ihr seid gewiß auch ein Beichtkind des Kapuzinerpaters Resurrecturus, allerliebste Sünderin?"

„Warum diese Frage?"

„Hm," kicherte de Panatellas, „ich meine, weil Ihr da heute einen wunderlichen Beichtvater gehabt hättet."

„Bei der Padrona, Signor, Ihr seid heute außer=
gewöhnlich, entsetzlich räthselhaft!" rief die Aquacuola
ungeduldig. . . .

„Meint Ihr?" lachte Don Magnifico. „Wenn
nun aber" — und er scandirte jede Sylbe — „der Ka=
puzinerpater so einen Doppelgänger hätte, he?"

„Was für einen Doppelgänger?" rief Lilla mit
wachsender Ungeduld. . . .

„Basta, basta," erwiderte der punische Edelmann,
„ich verstehe mich und Andere verstehen mich auch,
z. B. die schöne Signora Maniscalco, deren Kalesche
eben dort um die Ecke herumbiegt; die himmlische
Contessa fährt zur Beichte . . . denn für Nichts auf
der Welt würde sie sich's nehmen lassen, beim schönen
Kapuziner ihr Sündenregister herzusagen, ha, ha! —
Ein interessanter, bildhübscher Mann, der Pater Resur=
recturus, nicht wahr?"

„Ein wahrer Mann Gottes, mit einem großen, edlen
Herzen!" erwiderte das junge Mädchen mit Begeisterung.

„Ja, ja, mit einem großen Herzen," wiederholte
Don Magnifico spöttisch, „wo's Platz gibt für alle
seine Beichtkinder von der schönen Hälfte, besonders
für die Jungen und Hübschen. . . . Doch es ist Zeit,
göttliche Lilla, ich eile zur Matrice — denkt an den

Doppelgänger, he! Schade, daß es heute so viel bei Euch zu thun gibt, Jammerschade, bei meiner Ehre ... Addio, addio ...."

Und der Stutzer escamotirte seine hagere Person zum Zelte hinaus. ... Lilla aber versank in Nachdenken. Etwas mußte denn doch daran sein ... Don Magnifico that gar so geheim ... Eine sanfte Stimme weckte die Träumende:

„Guten Abend, Lilla!"

„Signora Comtessa!" rief freudig überrascht das junge Mädchen.

Eine schlanke Dame in einfach schwarzer Seidenrobe stand am Zelteingange, zwei Goldnadeln hielten den schwarzen Spitzenschleier, der reichfaltig vom Hinterhaupte über die Büste herabfloß. Wie Purpurschein schimmert's durch die goldenen Flechten, die ein rührend schönes Gesicht voll lichtvoller Sanftheit mit zwei großen Saphiraugen umrahmen.

Es war Signora Maniscalco, die jugendliche Gemahlin des General-Polizeidirectors, der Schutzengel der Armen Palermo's, allenthalben ihrer Milbthätigkeit und Leutseligkeit halber der Abgott des Volkes.

„Sind frische Magnoliablüthen da?" fragte die Patrizierin freundlich.

„Wie thut es mir leid, Signora Comtessa," ant=
wortete Lilla, „hier sind die Letzten, aber alle sind welk,
seht her!"

Die blonde Dame stieß einen leisen Seufzer
aus. „Schade," sprach sie, „dann gebt mir die wei=
ßen Lilien dort und dazu gebt mir einen Korb mit
Granatäpfeln und Goldfeigen, hübsch arrangirt, wie
gewöhnlich .... ich nehme Alles nach der Vesper mit."

Lilla schwieg, vor sich niederschauend. „Eine
Wolke hier, liebste Träumerin?" fragte die junge
Dame, mit einer anmuthigen Geberde die Stirne des
Mädchens berührend.

„Signora," sprach die junge Aquacuola, ihr kla=
res Auge zu der schönen Frau aufschlagend, „erlaubt
mir eine Bitte!"

„Sprecht, liebes Kind!" sprach Signora Ma=
niscalco freundlich.

„Geht heute nicht zur Beicht' in die Matrice," bat
Lilla bringend, die Hand der jungen Patrizierin ergreifend.

„Und weshalb nicht?" fragte diese auf's Höchste
erstaunt.

„Ich weiß nicht," erwiderte das junge Mädchen,
„aber mir ist's, als solle Euch ein Unglück zustoßen;
geht nicht, ich bitte Euch!"

Signora Maniscalco lächelte: „Was hätte ich zu fürchten?"

„Wer weiß?" fuhr die Aquacuola fort. „Don Magnifico de Panatellas war eben hier, er schwatzte so seltsames Zeug vom Pater Resurrecturus, daß er einen Doppelgänger habe."

Die Gemahlin des Polizeidirectors ward dunkel= purpurn, wie eine Korallenblüthe, und dann wieder kreidebleich. . . . .

„Zur Matrice!" erscholl in diesem Augenblicke der Ruf aus hundert Kehlen, und ein Volkshaufe wälzte sich durch die Straba dei Moro heraus. . . . .

Ein halb Dutzend Blauröcke erschienen, von dem Volke wild umtobt, in ihrer Mitte führten sie einen jungen Kapuzinermönch in Fesseln, es war der Pater Resurrecturus. . . . .

„Verrath, Verrath!" ertönte der Krähenruf. „Sie wollen den Pater Resurrecturus verderben, weil er sich des Volkes annimmt! Wer duldet es?" rief eine vibrirende Stimme.

„Antonio!" rief Lilla, welche die Stimme er= kannt hatte, während Signora Maniscalco sich tod= tenbleich und schwankend auf den Auslagetisch des Zeltes stützte.

„Auf zur Matrice!" heulten wieder hundert Keh=
len und die Volkswogen spülten die Häschergruppe
mit dem Gefangenen nach der Contraba nuova
hinab. . . . .

Vor dem Zelte Lilla's aber war Signora Maniscalco ohnmächtig niedergesunken. — —

Während der Pater Resurrecturus von den Sbir=
ren die Contraba nuova herabgeführt wurde, saß der=
selbe Pater, kraft einer unbegreiflichen Allgegenwart,
in der Kapelle Rosaliens zur Beichte. Nichts Heim=
licheres, als dieser Miniaturtempel mit seinem farben=
glühenden Kuppeldache, seinem blitzenden Silbertaber=
nakel, seinen Lapislazuli=Incrustationen und all der
ewigfrischen Blumenpracht, mit welcher die frommen
Palermitaner die geliebte Silberurne umgeben, welche
die Asche der Schutzpatronin beschirmt.

Reiche Equipagen mit barock=galonnirter Diener=
schaft stationirten draußen am Hauptportale unter den
himmelhohen gothischen Strebebögen, mit welchen sich
der Dom auf das gegenüberliegende Nonnenkloster
stützt, während drinnen die schönen Damen am ver=
goldeten Beichtstuhlgitter erröthend ihr allerliebstes
Sündenregister heruntersagten. Von Zeit zu Zeit
lüfteten sich die Purpurgardinen nach vorn und das

Profil des für einen Moment Luft und Athem schöpfen=
den Kapuziners zeigte sich, einen ängstlich verstohlenen
Forscherblick auf die·Wartenden werfend.

Mit einem Male ward eine Bewegung unter
den Bußandächtigen bemerkbar, ein Geräusch, wie
ferne Meeresbrandung! Immer näher und näher
kam es und bald entstand ein Tumult draußen auf
dem Vorhofe. . . . . Jetzt ertönte plötzlich ein furcht=
bares Heulen, Pfeifen und Miauen, immer mächtiger
schwoll das Tosen an, bis endlich ein Wuthgeheul
aus tausend Kehlen die Grundfesten des Domes er=
schütterte, daß die hohen Spitzbogenfenster klirrend
erbebten.

„Wo ist der Pater Resurrecturus?“ ertönten hun=
dert Stimmen, „wo ist der rechte Pater, wo ist der
Betrüger?“ Eine heillose Verwirrung entstand im In=
nern des Tempels.

Draußen hatte indeß das aufgebrachte Volk im
höchsten Paroxysmus der Wuth die Polizeisoldaten
niedergeworfen, den Kapuziner in einem Nu seiner
Fesseln entledigt und im Triumphe dem Ostportale
zugetragen. Da stand der schöne Mönch hoch über
seinem geliebten Volke, den Blick in unbeschreiblicher
Extase gen Himmel erhoben, die Hände gefaltet, voll

heiterer Ruhe, wie Christus auf den erzürnten Wo=
gen, eine wunderbare Lichtgestalt, um deren Stirne
die untergehende Sonne ein Heiligendiadem flocht.

In der Rosalienkapelle, wo der unglückselige
Gaëtano Palma, wie längst schon der Leser errathen,
Gesicht, Gestalt und Costüm des Kapuzinerpaters an=
genommen hatte, um das Beichtgeheimniß Gelsomi=
na's zu überraschen, hatte eine kurze dramatische Scene
stattgefunden. Der entlarvte Betrüger hatte sich näm=
lich sogleich beim Beginn des Tumultes eilig davon=
zumachen gesucht. Die von außen hereinströmende
Menge jedoch sowohl, als die Zeichen von Angst, die der
unglückliche Mime nicht zu verbergen vermochte, hat=
ten ihn der allgemeinen Aufmerksamkeit bezeichnet, die
nach und nach einen drohenden Charakter anzunehmen
begann. Vergebens suchte sich der falsche Kapuziner
durch die compacte Menschenmasse durchzudrängen,
mit angstvollem Blicke nach dem Ausgange der Sa=
kristei spähend, doch umsonst, die Wogen wuchsen und
wuchsen. In demselben Augenblicke erschien unter
dem mächtigen Portalbogen die Gestalt des Paters
Resurrecturus, leicht verklärt, wie eine Heiligenstatue,
welche die Menge nach der Procession wieder in ihren
Krystallschrein zurückbringt. Kaum erblickte der ge=

fangene Mime biefe brohende Geftalt, als er, den
Kopf gänzlich verlierend, in einem verzweifelten Sprung
die Thüre des vergoldeten Gitters erreichte, welches die
Kapelle der Schuzheiligen von der übrigen Kirche ab=
schließt. Hier am Eingange eines möglichen Ret=
tungshafens jedoch sollte der Gehezte noch ein Hin=
derniß zu überwinden haben. Eine Hand nämlich,
eine magere, knochige Hand hatte sich mit krampfhaf=
ter Wuth in feine Wollkutte eingekrallt und ein hä=
misches, mit Pflaftern verklebtes Geficht grinfte ihn
diabolifch an. Mit Schrecken erkannte der Ruffiano
das fremde Individuum, welches er in feinem Schlaf=
gemache nächtlich ausgeplündert hatte. Vergebens
zerrte der Betrüger mit der Kraft der Todesangft an
feinem Kuttenzipfel, fein Gegner, dem die Rachfucht
doppelte Muskelftärke verlieh, hielt feft und ftramm ...
plözlich, o Rettung! barft das Wollkleid von oben
bis unten..... Während Don Magnifico auf die
Menge zurücktaumelte, gewann Gaëtano mit einem
Tigerfprunge das Innere der Kapelle, fchlug die Git=
terthür klirrend zu und drehte den Schlüffel doppelt
um. Nach diefer faft übermenfchlichen Anftrengung
brach der Unglückliche am Fuße des Altars halb ohn=
mächtig in die Kniee. Jezt erft, als ob die Menge

diesen letzten Verzweiflungsakt des Angeklagten erwar=
tet hätte, um ihr „Schuldig" über ihn zu sprechen,
brach der Sturm gegen den Frevler los. Die Könige,
die ihren halbtausendjährigen Schlummer in den Por=
phyrsarkophagen schlafen, mußten bis in's Gebein er=
beben, ob dem furchtbaren Tosen, das ihren Pracht=
dom durchbrauste. Wüthend stürzte sich die entfesselte
Menge auf das Schutzgitter, hinter welches sich der
Schuldige wie ein gehetztes Wild geflüchtet hatte. Mit
ohnmächtigem Zähneknirschen rüttelten die Verwegen=
sten an den dicken Eisenstäben. Einige erkletterten das
dichte Eisengeflecht, um ihren Körper zwischen den
Verschlingungen der Zierarabesken hindurchzuzwängen,
während Andere wieder das massive Schloß aufzu=
sprengen sich anstrengten. Mit einem Male jedoch
wichen die Wahnwitzigen, die das Haus Gottes zum
Schauplatze einer frevelhaften Lynchjustiz erniedrigen
wollten, scheu zurück, denn plötzlich erschien die edle
Gestalt des Paters Resurrecturus am Gitter. Sein
Auge flammte, seine Stirn drohte. Er winkte mit der
Hand, und stiller und immer stiller ward's im großen
Dome, bis endlich die letzten Verwünschungen in einem
dumpfen Murmeln erstarben.

Jetzt ertönte seine Stimme, und die Menge lauschte:

„Wer seid Ihr," rief der junge Mönch, „daß
Ihr richtet an einem Orte, wo nur dem Allmächtigen
die Macht zu richten zusteht? Wahnbethörte, die Ihr
das geweihte Haus des Herrn zu einem Hause der
Rache, des Blutgerichtes zu entweihen denket! Sün=
der, die Ihr Steine auf einen anderen Sünder schleu=
dert! Soll das Blut des Menschen sich mit dem Blute
des Gottsohnes vermischen? Zurück, Verblendete,
zurück! Die Rache gehört dem Herrn, nicht dem
Menschen!" . . . .

Kein Laut! Alle Häupter zur Erde gesenkt! Der
Liebling des Volkes hatte gesprochen, das Volk ge=
horchte: war's nicht Gottes Wort, das Wort, das aus
dem Munde seines Auserwählten sprach?! . . . .

Des Eindruckes auf die Menge gewiß, sprach
jetzt der Mönch zu dem Unglücklichen durch das Git=
ter: „Oeffnet ohne Furcht!"

Gaëtano erkannte, daß jetzt oder nie der Augen=
blick der Rettung aus dieser furchtbaren Gefahr ge=
kommen sei; sich deshalb rasch aufraffend, öffnete er
entschlossen.

„Durch die Sakristei und Ihr seid gerettet,"
flüsterte der Pater seinem Doppelgänger in's Ohr.
Der Mime trat heraus, ein Murmeln der Entrüstung

ging durch die Menge, die jedoch von dem Blicke des Kapuzinermönches gebannt, scheu zurückwich. Der Pater Resurrecturus, seinen Schützling bei der Hand nehmend, führte ihn nach der Sakristeithür und öffnete diese blitzschnell, worauf Gaëtano hineinglitt und der Mönch die Thüre wieder zuschlug. Sich dann auf der Schwelle umdrehend, deckte der Pater Resurrecturus das Pförtlein mit seinem Leibe, mit einem magnetischen Blicke die Menge in Schach haltend. Der Mime aber entkam indeß durch die Hinterthüre der Sakristei.

Siebentes Capitel.

Verborgene Liebe.

Pater Resurrecturus verdankte seine Befreiung dem Volke und den außerordentlichen Umständen, welche die Scene in der Matrice begleitet hatten. Maniscalco, der Beherrscher der Insel durch die Gnade der Polizeigewalt, war seit mehreren Tagen auf einer kleinen Rundreise abwesend, um die Ge=

fängniffe, deren Organifation und Marterwerkzeuge zu infpiciren.

Der Obercommiffär Chemici, in Abwefenheit feines Gebieters Herr von Palermo, wagte es nicht auf eigene Verantwortung, die Sache auf die Spitze zu treiben, aus Furcht, das Volk zum Aufftande zu reizen. Dies erklärt zur Genüge, daß der Kapuziner=pater nach dem ungeheuren Kirchenfcandal nicht weiter angefochten wurde.

Was Gaëtano Palma betrifft, fo weiß der Lefer, daß der Ruffiano keine Behelligung von Seiten des zeitweiligen Leiters der Sicherheitsbehörde zu fürchten brauchte.

Hell war die Nacht, die Geftirne, groß wie Monde, fchienen dem Auge fo nahe gerückt, als follte man fie mit den Händen greifen.

Zwei Miethsfänften hielten unter den Silberpap=peln der einfamen Straße, die zu dem Piano bei Por=razzi führt. Eine hohe, brefchenlückige Backfteinmauer läuft links von der Straße hin, die oben, wüften Gärten der alten Sarazenenvilla „Cuba" begränzend. Ein paar halbzerfallene maurifche Pavillons und ein großer Fifchteich, von einer dicken Krufte Seerofen=blätter und Wafferlinfen bedeckt, zeugen allein noch

von der entschwundenen Pracht des einstigen Emir=
sitzes, der unter dem offiziellen Namen: „Z Bor=
gognoni" eine Zeit lang als Kaserne gedient hat, wo
die Christensölblinge des Königs von Neapel, wie
rechte Heiden, in dem muselmännischen Schlosse hausten.

Aus jeder Sänfte stieg eine dicht verschleierte
Frauengestalt, in eine faltige „Toppa" gewickelt. Laut=
los glitten Beide die Mauer entlang bis zu einer
weiten Bresche. Hier schlüpften sie in den Garten
hinein, durcheilten flüchtigen Schrittes eine einsame
Allee von Limettenbäumen und huschten geräuschlos
durch ein Labyrinth von Myrthen= und Granatbüschen
hin, bis sie am Eingange eines großen Pavillons, von
prachtvollen Magnolien beschattet, inne hielten. Nach=
dem Beide Athem geschöpft, zog die Schlankere einen
Schlüssel hervor, öffnete und verschwand, ihrer Beglei=
terin zuflüsternd:

„Halte treue Wacht, Giulia!"

Die nächtliche Besucherin tauchte nach einigen
Schritten in eine breite Nischenvertiefung hinein und
stieg eine schmale Wendeltreppe mit einer Sicherheit
hinab, die auf eine gewisse Gewohnheit der Lokalitä=
ten schließen ließ. Eine zweite Thüre ward hier ge=
öffnet, und ein geräumiges Gemach bot sich dem Blicke

bar. Lasurziegel als Wandverkleidung, ein geborsten Porphyrbecken, von seinen Springstrahlen verwaist, Marmorbänke längs der Mauer, spinngeweb=versponnene Stalactitennischen und halbverloschene, blaugoldene Koransprüche hie und da zeugten deutlich, daß diese Räumlichkeit früher der schönen Bewohnerin als „Serdap" oder „Sommerzimmer" gedient haben mußte. Die Eingetretene hatte sich auf eine Marmorbank niedergelassen und schien zu warten. Jetzt öffnete sich leise ein in der Ziegelverkleidung verstecktes Pförtlein, und eine hohe Gestalt in einer Kapuzinerkutte tauchte hervor. „Gelsomina!" bebte eine Stimme wie ein verirrter Saitenton .... die Verschleierte stürzte dem Kapuziner entgegen .... wie ein schmeichelnder Hauch glitt es über ihre Lippen: „Ruggiero!" und sie lag an seiner Brust. Stille war's. . . . . Durch die dichtgeflochtene Fenstervergitterung dämmerte wie durch ein Silbersieb heimlicher Sternenschein auf das liebende Paar. . . . .

Don Ruggiero von Santa Lucia, den die Welt draußen den „Pater Resurrectus" nennt, und Gelsomina, Tochter des Grafen Montina, die wir als Signora Maniscalco kennen, saßen dicht nebeneinander, die Hände krampfhaft verschlungen.

Erinnert Ihr Euch der Trunkenheit, womit der
Pater Resurrecturus die duftende Magnoliablüthe im
Beichtstuhle an seine Lippen drückte? . . . . Diese
Blume, der Hand der schönsten Büßerin entfallen,
war ein Liebeszeichen gewesen für diesen Augen=
blick voll Paradieses=Entzücken. Sie hatten sich lange
Aug' in Aug' geschaut, bis Gelsomina mit leiden=
schaftlicher Innigkeit begann:

„Seit dem gebenedeiten Tage, wo ich Dich, Rug=
giero, den ich auf ewig verloren wähnte, wiederfand,
war mein Herz nie voll so süßer Trunkenheit, wie
heute, wo ich Dich nach einer so großen Gefahr in
den Armen halte."

„O Weib meiner Liebe," erwiderte lächelnd der
junge Mönch, „der Gott, der unsre Schuld vergiebt,
hat mich mit seinem mächtigen Arm beschützt und
Du siehst, er liebt uns Beide, denn ich bin hier."

„Wenn Du wüßtest, liebster Mann," flüsterte
die junge Frau, „welche Herzensangst mich gefoltert;
mir war's, als könnt', als sollt' ich Dich nicht mehr
wiedersehn. Sprich, was war's doch in der Ma=
trice?"

Der junge Mönch erzählte, was wir im vorigen
Kapitel dem Leser vorgeführt haben. Er selbst fand

in der ganzen Sache ein Räthsel, denn wie hätte er das Dunkel durchdringen können, wo der Haß Serpentina's verborgen glühte?

„Bist Du nun ruhig und glücklich?" fragte dann mit liebevoller Zärtlichkeit der junge Mann.

„Zur Stunde wohl," erwiderte Gelsomina, „doch Du weißt, die Schuldigen zittern immer, Ruggiero."

„Immer dieser quälende Gedanke," sprach mit leichtem Vorwurf der Pater, „Du bist nicht schuldig, Du brachst keinen Eid, denn erzwungene Eide binden nicht. Sieh mich an: ich bin wie Du, meineidig, der Allmächtige aber, der Alles weiß, kennt die finstre Gewalt, die mir diesen Eid abzwang und wird mir gnädig sein. Der Gott der Liebe will nicht, daß Menschenherzen stumm verbluten und entsagen, weil's so Menschenwillkür. Schuldig sind Alle, die den Geist knechten und die Liebesblüthe in der Brust Anderer ersticken möchten; besser wäre Ihnen, sie wären Sünder am Gesetz der Menschen, als am heiligsten Naturgebot."

„Sprich so und immer so," rief Gelsomina mit Thränen im Auge, „und mir ist's, als träumt' ich von ewigen Honigmonden, die nie vergeh'n."

„Süßes Weib," flüsterte der Mönch, die Stirne

der jungen Frau küssend, „Dir ist vergeben, denn
Deine Liebe hat einen Verzweifelnden aus tiefer Nacht
gerettet, sie hat dem Herrn einen Diener gegeben, der
Alles, was er an Schätzen von Menschenliebe und
Glaubenskraft im Herzen hat, nur Dir, Du Heilige
verdankt. Erinnerst Du Dich, als Du mich nach
langer Trennung zum ersten Male im Beichtstuhle
der Olivella trafst?"

„Der erste Ausgang war's," rief Gelsomina,
„nach meiner Rückkunft aus Alcamo, wohin mich der
Schändliche geführt, dessen Namen ich heute trage.
O jene fürchterliche, unheilvolle Nacht!" murmelte die
junge Frau, das blonde Haupt an der Brust des schö=
nen Kapuziners verbergend.

„Was sagt' ich Dir damals am vergoldeten Gitter,
das unsere Lippen trennte?" fuhr der Pater fort.

„Du sagtest mir," flüsterte Gelsomina, „daß die
Stimme in unserer Brust Gottes Stimme sei, der
sich so in jedem Geschöpfe als Liebe offenbare. Du
nanntest meine Ehe eine Tempelschänderei meines
Leibes, eine Schuld meiner Seele. O Ruggiero, wie
viele brennende Thränen weint' ich in jener ersten Zeit
unseres Wiedersehens!"

„Sprach ich nicht wahr, mein Augenlicht?" fragte

der junge Mönch, dem schönen Weibe mit inniger Gluth in's Auge schauend.

„Ich liebe Dich!" lispelte kaum hörbar Gelso= mina. Einen Augenblick war's wie gedämpftes Flü= stern, süßes Schauern und Küßerauschen im geheimen Liebesasyl der Emire . . . da ertönte ein heiseres Lachen . . . die Liebenden schreckten jäh auf . . . ein Kapuzinermönch stand hinter Don Ruggiero, der einen erstickten Schrei ausstoßend rasch den Schleier über die Züge der Geliebten warf. Ein Hohngelächter schwirrte über die Lippen des dicken Guardians — denn er war es — dessen tückisch zwinkernde Aeug= lein mit einem unbeschreiblichen Ausdruck von bos= hafter Schadenfreude auf dem überraschten Paare ruhten.

„Haha," höhnte der Alte, „ein allerliebstes Nestchen hier zum Girren, Bruder Ruggiero, doch der Pater Eusebio hat längst schon etwas Verdächtiges gewittert, er hat aufgepaßt. Eine wunderschöne Nacht, so mild, so einladend, ha ha ha!"

Der junge Pater war niedergeschmettert, Gelsomina einer Ohnmacht nahe . . . .

„Dachte mir," fuhr der Guardian in derselben Weise fort, „wer geht denn des Nachts immer nach

dem Kreuzgang spazieren, wo der rothe Denkstein die
geheime Wendeltreppe verbirgt? . . . Kommt mir die
Idee, ein Bischen Sand hinzustreuen jeden Abend . . .
lange warte ich, immer war keine Spur auf dem
Sande sichtbar, heute Nacht auf einmal schau ich nach,
ganz deutlich Fußspuren, die am Denkstein plötzlich
verschwinden. Kein Zweifel, sag' ich mir, Einer von
den Fratres steigt von Zeit zu Zeit in die Katakom=
ben hinab, um, wie weiland König David, seine Sün=
den auf den Gräbern zu beweinen. Ich rutsche die
Wendeltreppe hinab mit einer Blendlaterne, suche, stö=
bre, schnüffle in allen Ecken, nichts . . . da blitzt
mir's im Kopfe auf . . . wenn der Nachtwandler
durch den geheimen Gang nach dem Cubagarten, wel=
cher mit den Catacomben in Verbindung steht, hinaus=
geschlüpft wäre? . . . um ein armes Beichtkind zu
trösten . . . ich husche in den Gang hinein, immer
fort bis zur Thüre, wo ich horche . . . und dann
plötzlich — deus ex machina, ecce!! Ha, ha!

„He, Frater Nachtwandler, darf man die Schöne
nicht ein Bischen anschielen, he? . . . Möcht' doch
seh'n, ob Ihr einen guten Geschmack habt!" höhnte der
Alte, mit der Hand den Schleier Gelsomina's be=
rührend . . . .

Zwei eiserne Arme umklammerten in diesem
Augenblicke den frechen Mönch, der sich in die Höhe
gehoben und mit unwiderstehlicher Gewalt zu Boden
geschleudert fühlte. Zornfunkelnden Auges maß der
junge Pater den Liegenden, ein Knie auf dessen
keuchende Brust gestemmt.

„Ruggiero, schont diesen Mann!" ertönte eine
bittende Stimme.

„Alter Sünder!" zischte Ruggiero, „Deine freche
Hand hat den Schleier dieses Engels berührt —
beim ewigen Gott, ich weiß nicht, was mehr auf
meiner Stirne brennt: die Schmach, vor Dir schul=
dig zu erscheinen, oder gerechter Zorn über Deine
feige Spionage! — Bei meiner Seele, Dein Anblick
reizt mich zum Verbrechen, mir schwindelt's im Ge=
hirn, als sollt' ich Dich tödten!"

„Laßt mich, Bruder, . . . ich ersticke," stöhnte
der Halberdrosselte.

„Gnade, Gnade!" flehte die junge Frau.

„Gnade?" rief wild Ruggiero, „weißt Du,
wer dieser Mann ist? Gnade für ihn, der den jungen
Novizen zur grausamen Qual der Segreta verurtheilt
hat? Gnade für meinen Peiniger, den Pater Eusebio?
Bei dem Allmächtigen," fuhr der junge Mönch dann

ruhiger fort, „Du verdankst Dein Leben diesem Engel
hier . . . übrigens —" murmelte er düster — „ist Deine
Stunde ohnedem gekommen."

Mit einer raschen Geberde seinen Kuttenstrick
herunterziehend, band er dann dem Liegenden Hände
und Füße fest, indem er fortfuhr: „Dies ist nur, um
Dich unschädlich zu machen, während ich dies junge
Weib in Sicherheit bringe."

Wenige Augenblicke darauf hatte der junge Mönch
seine Geliebte den Händen der wartenden Giulia über=
geben. „Beruhige Dich, meine Seele, mich bedroht
keine Gefahr, ich schwöre es Dir — bei unserer Liebe!"
flüsterte er der Zitternden beim Scheiden zu.

Zum Pater Eusebio zurückgekehrt, sprach er, die
Bande desselben lösend: „Kehren wir in's Kloster zurück!"

„Abtrünniger," zischte der dicke Kapuziner, sich
mit Mühe auf die Beine helfend, „Du sollst Deinen
frechen Angriff auf Deinen Vorgesetzten bitter bereuen.
Du wirst dem Pater Provinzialis denunzirt und,
was Deine Buhlerin betrifft, so soll ihre Schande ruch=
bar werden!"

„Ihr kanntet also das Weib?" rief der junge
Pater.

„Ich kenne sie," höhnte triumphirend der Guar=

bian, „ich habe gehorcht . . . eine Ehebrecherin, es
war nur zum Scherz, daß ich den Schleier der Schö=
nen etwas lüften wollte."

„Um so schlimmer für Dich," murmelte Ruggiero.

„Was brummt Ihr da?" fuhr der Pater Euse=
bio auf.

„Nichts."

Der Guarbian rühmte sich zu viel, indem er be=
hauptete, Gelsomina zu kennen; er kannte sie nicht, er
hatte ihr Antlitz nicht gesehen und während er horchte,
war ihr Name mit keiner Sylbe genannt worden,
— er hatte nur gehört, daß sie verheirathet war.

„Euer verbrecherischer Stolz ist endlich zu Fall
gekommen, Eure Aureole ist zerrissen," rief voll bos=
haften Jubels der alte Kapuziner . . . „ich ahnt' es
längst, die Herrlichkeit der Gottlosen ist immer von
kurzer Dauer, die Rache des Herrn trifft sie!"

„Ja, die Rache des Herrn," murmelte der Pater
Resurrecturus. — —

Im Kreuzgange angekommen, rief der Guarbian
höhnisch: „Geht in Eure Zelle, Bruder Ruggiero, und
thuet Buße!"

Bruder Ruggiero ging wohl in seine Zelle, aber
nicht, um Buße zu thun.

Ein Uhr schlug die Thurmuhr der Klosterkirche;
kaum war der vibrirende Schlag verhallt, als die Bet=
glocke des Kreuzganges zu läuten begann . . . . den
Strang zog mit kräftiger Hand der Pater Resurre=
cturus. Wie auf ein erwartetes Signal öffneten sich,
eine nach der andern, die Zellen, und die Mönche
erschienen, gespensterhaft, lautlos, mitten im Kreuz=
gange sich sammelnd. Der letzte Glockenschlag erstarb
und die Letzte der Braunkutten war da.

Noch erwartete man den Guardian; endlich kam er
schlaftrunken herbeigewackelt. Jetzt fand eine ganz
eigenthümliche Scene statt. Der junge Pater Resur=
recturus sprach lange und mit Autorität zu dem mitter=
nächtigen Convente. Dabei stand der Pater Eusebio
und rieb sich die Augen; er glaubte immer noch zu
träumen, denn, was der junge Mönch sprach, schien
ihm unglaublich, fast wahnwitzig. Ging doch aus den
Worten des jungen Mönch's hervor, daß seit langer
Zeit schon eine Verschwörung gegen die Person des Guar=
dians vorbereitet war und daß die Stunde nun gekommen,
den Pater Eusebio, den seine zahllosen Plackereien
gegen die Mönche sowohl, als die Anklage, er gebe
sich für Rechnung der Polizei dem geheimen Schacher
mit Beichtgeheimnissen hin, dem Hasse und der Ver=

achtung der Kapuziner längst schon bezeichnet hatten, endlich zur Strafe zu ziehen! Vorläufig trug der Pater Resurrecturus darauf an, den Guardian in einer unterirdischen Klosterzelle oder „Segreta" in sicheren Gewahrsam zu bringen.

Vergebens machte Pater Eusebio übermenschliche Anstrengungen, um nur ein Wort gegen diese aufrührische Rede hervorzubringen, es war umsonst . . . . die Zunge schien ihm im Munde festgeklebt, in seinem Gehirn sauste und brauste es, er wollte schreien, um Hülfe rufen, den jungen Pater anklagen . . . vergebens . . . er war wie gelähmt, vernichtet, von Katalepsie befallen.

Lauter Beifallssturm krönte die leidenschaftliche Rede des jungen Kapuzinerpaters, der sich eines mächtigen Anhanges unter den Mönchen erfreute.

„Auf zur Segreta!" riefen die Braunkutten im Tumulte durcheinander, und ein Paar nervige Arme packten die Eunuchengestalt des erstarrten Guardian's, um ihn nach den Katakomben zu schleppen. „Weißt Du noch — vor zwei Jahren," raunte ihm eine Stimme in's Ohr, während man die Wendeltreppe hinabstieg, „als Du mich in die Segreta hinabschleppen ließest, grausamer Mönch?"

Wenige Augenblicke später lag der Guardian, einer Ohnmacht nahe, auf dem Strohlager eines unterirdischen Verließes. Todtenstille rings um ihn her. ——

Was vor Allem den langgereiften Entschluß der Mönche, den Guardian unschädlich zu machen, zu einer so beschleunigten Ausführung getrieben hatte, war die Angst Ruggiero's, der Pater Eusebio könne den geringsten Aufschub benützen, um Gelsomina zu verderben. Warum hatte sich der Alte gerühmt, die junge Frau zu kennen!!

Er hatte sich selbst sein Urtheil gesprochen. ——

Achtes Capitel.

Tausend Tari.

Die Meuterei im Kapuzinerkloster hatte sich so sehr im Geheimen abgespielt, daß der ganze Vorgang innerhalb der Klostermauern vergraben blieb. Seltener Fall! Kein Verräther hatte sich unter den Mönchen gefunden, so allgemein und gründlich war der eingekerkerte Klosterchef verabscheut und verhaßt. Gab es

auch einige Zauberer, so war doch die liberale Partei
des jungen Paters Resurrecturus die weitaus über=
wiegende, die den Lauen Stillschweigen auferlegte.

Diese Klostermeuterei, die sich auf eine wahre Be=
gebenheit stützt, wirft ganz bezeichnende Streiflichter
auf die Gesinnungen des sicilianischen Clerus gegen
Neapel sowohl, als gegen Rom. Immer und überall
war dieser entschieden feindlich und fehdelustig gegen=
über dem bestehenden Regime. Der alte Zwist mit
dem Papste wegen des taxfreien Erbsenverkaufs des
Bischofs von Lipari auf dem palermitanischen Markte
ward aus dem vorigen Jahrhundert herübergeschleppt
und grollte in allen Volkserhebungen, in der Affaire
Gravina, in den Jahren 1820 und 1848 und zuletzt in
den blutigen Kämpfen des Jahres 1860 fort. Priester
und Mönche erhoben die Freiheitsfahne und träumten
von einer Unabhängigkeit, die auch in dem Concordate
vom Jahre 1818 eine theilweise Verwirklichung ge=
funden hatte, indem dieser Vertrag die sicilianischen
Ordensgeistlichen der Machtsphäre der respectiven Or=
bensgenerale in Rom entrückte und überhaupt die Macht
des Papstes in Sicilien bedeutend beschränkte. So
war in Sicilien der Boden für eine bessere Zukunft
wenigstens vorbereitet, was jenseits des Faro, weiß

Gott, nicht der Fall war. Dort wirthschafteten die
Pfaffen auf das Heillofeste, verweigerten den Müttern,
die ihre Kinder in ein Collegium schicken wollten, die
Absolution, und während der Erzbischof von Salerno
von der Kanzel herab predigte, daß aller Unterricht
das Werk des Satans sei, verdammten die Herren Cen-
foren die Schriften über den „Galvanismus," weil
das Wort eine verdächtige Aehnlichkeit mit dem „Cal-
vinismus" habe!

Dort wäre eine Persönlichkeit, wie der Pater
Resurrecturus, den wir aus dem wirklichen Leben ge-
griffen haben, unmöglich gewesen, hier in Sicilien
konnte ein solcher Priester existiren, predigen, ja po-
pulär und oppositionsfähig sein. — —

An einem der letzten Märztage fand zur Abendstunde in der Holzbaracke des öffentlichen Scrivano,
links von der Porta Nuova, eine eigenthümliche Scene
statt. Der arme Schlucker von einem Schreiber, der
abwechselnd am Hungertuch und am Gänsekiel nagte,
war heute gerade zu den kläglichsten Gedanken auf-
gelegt. Außerordentlich schlecht waren die Zeiten, faul
die Correspondenz, die Intrigue kärglich. Niemand
aus dem Volke wollte sich mehr einen Liebesbrief entziffern oder schreiben lassen in der Stadt der Liebe!

War doch ein so gutes Geschäft gewesen in einer
Stadt, wo fünf Sechstel der Bewohner weder lesen,
noch schreiben können! Haben sie denn Alle über
Nacht durch des Teufels Kunst und Blendwerk lesen
und schreiben gelernt, fragte sich der hungernde Scrivano und seinen müßigen Unglückskiel mit Ingrimm
zerquetschend, rief er aus: „O diese Buchdruckerei, das
ist fürwahr Satans Erfindung!“

Also hatte weiland König „Bomba“ von Neapel
auch gesprochen!

Noch saß der Mann von der traurigen Feder bei
seiner Lampe finsterbrütend da, als ein einarmiger
Krüppel von unheimlich verwahrlostem Aussehen eilig
eintrat. Der arme Teufel, eine wahre Perle von einem
Vagabunden, hielt in seiner einzigen Hand einen Pa-
pierstreifen, den er dem Scrivano ungestüm unter die
Nase hielt.

Dieser fuhr erstaunt zurück, mitten auf dem Zettel
stand mit großen dunkelrothen Lettern geschrieben:

1000 Tari.

Welch' magische Zahl! Dem Schreiber ward's
seltsam zu Muthe. Schweigend nahm er das Papier
und begann mühsam zu entziffern. . . . .

„Wo habt Ihr diesen Wisch gefunden?“ fragte

er dann plötzlich, dem Ueberbringer scharf in's Auge schauend.

„In einem Brode, das ich diesen Abend am Thore des großen Kapuzinerklosters erhalten," lautete die Antwort. „Sagt mir, Compadre, was ist das Papier?"

Der Alte las weiter, seine magern Hände zitterten sichtlich.

„Wißt Ihr, was dieser Wisch da enthält?" fuhr endlich der Schreiber scheinbar geringschätzig fort; „weiter nichts, als eine Quittung über eine Lieferung von 1000 Broden, die für diese Woche von der Kloster= bäckerei abgegeben worden sind."

In diesem Augenblicke ertönte es vom Eingang der Bude her: „Pst, Pst!"

Der Schreiber fuhr erschreckt empor, wie auf einer bösen That ertappt. Ein winziges, verschrumpftes Männlein von kläglichem Aussehen stand auf der Schwelle.

„Was wünscht Ihr?" fragte der Schreiber unwirsch.

„Pst, Pst," wiederholte der Kleine, dem Schrei= ber in einer mysteriösen Weise winkend.

Dieser näherte sich dem Besucher, der, in den Busen greifend, ein Papier herauszog und es dem

Scrivano geheimnißvoll vorhielt. . . . Dieser las zu
seinem nicht geringen Erstaunen mit großen, rothen
Lettern darauf:

1000 Tari.

Ein weiterer Blick genügte ihm dann, um in dem
Papiere genau dasselbe zu erkennen, welches ihm der
Einarmige soeben vorgezeigt hatte.

„Bei der Sünde des Freitags," murmelte der
Schreiber, „das ist seltsam!"

„Was ist's?" flüsterte das Männlein mit der
hungrigen Miene, „was habt Ihr gesagt?"

„Genau dieselben Worte," wiederholte der Scri=
vano, die beiden Zettel vergleichend.

„Sprecht lauter," drängte der Andere, „mein Ge=
hör ist ein Bischen schadhaft, sagt mir . . . ."

„Bei allen Paternostern, was soll das bedeuten?"
unterbrach den Sprechenden eine rauhe Kehlstimme, und
ein übermäßig zerlumpter, herculisch gebauter Geselle
mit wilden Mienen brach, wie eine Bombe, in die
Bude herein. „Amico, he, schaut mir den Zettel da
an . . . ."

Der Schreiber glaubte zu träumen. . . . War's
ein Gaukelspiel der Hölle? Der Dritte hielt ihm genau
dasselbe Papier, wie die beiden Ersten, vor die Nase.

Die drei Vagabunden verschlangen den erstarrten Scrivano mit den Augen.

„Was ist der Wisch?" schrie der Dritte. „Lest mir das vermaledeite Geschreibsel, es muß etwas dabei herausschauen!"

„Ein schöner Fund," lachte der Krüppel höhnisch, „eine Quittung über tausend Brode für's Kloster . . . ."

„Bah," erwiderte der Herculus ungläubig.

„Was ist?" fragte der Taube mit blöder Miene, die hohle Hand hinter's Ohr haltend.

Dem mageren Schreiber ging's wie ein Kreisel im Kopfe herum.

„Compadri," begann er, „die drei Papiere sind ohne jeden Werth."

„Du lügst!" schrie der wilde Gesell, der zuletzt angekommen war, „man hat Augen, wenn man auch nicht lesen kann, doch gibt's hie und da ein Wort, z. B.

1000 Tari.

Warum steht dies hier, wenn der Wisch nichts werth ist, he? Seht doch her, Brüder, drei Quittungen, ist das möglich? Lotterieloose sind's, die der Kerl da uns abluxen will, her damit, Du Erzlump, der uns arme Teufel bestehlen möchte!"

„Gemach, gemach, amico!" beschwichtigte der Scrivano. „Laßt Euch bedeuten! Ihr gehört alle Drei zu denen, die täglich bei den Kapuzinern mit Brod gespeist werden, nicht wahr?"

Das Bettlertrio bejahte.

„Und Ihr habt die Zettel in den Broden gefunden, die Ihr heute Abend am Klosterthor empfangen!"

„So ist's," bekräftigten die drei Kostgänger der Kapuziner.

„Wie sollten's also Lotterieloose sein?" schloß triumphirend der Alte.

Zwei ließen die Köpfe hängen, während der Dritte rief:

„Warum nicht? Es ist ein Wunder, die Padrona schickt uns Hülfe in der Noth, um uns für unsere Frömmigkeit zu belohnen. Ja, so ist's, Brüder, wir sollen reich werden, ungeheuer reich, viva la Padrona!"

„Aber so seid doch vernünftig," begann der Schreiber wieder.

„Basta!" donnerte der zerlumpte Riese, „gebt die Zettel heraus, oder . . . ." Er erhob seine nervige Faust mit einer bezeichnenden Geberde. . . .

Dem Schreiber war's schwül zu Muthe; große

Schweißtropfen perlten auf seiner Stirne. Er schien außerordentliche Stücke auf den Besitz der Tausend= tarizettel zu halten.

„Zum letzten Male, heraus damit!" brüllte der wilde Gesell, den Schreiber an der Gurgel packend.

„Zu Hülfe, zu Hülfe!" zeterte der Angegriffene.

„Schweig, Du Lump," schäumte der Bettler. . .

Da ertönte plötzlich eine Stimme: „Was geht hier vor?"

Ein Polizeicommissär erschien an der Spitze einer Patrouille.

„Die heilige Jungfrau sei gepriesen!" jubelte der Schreiber, den die Bettler beim Anblick der Polizei losließen.

Der Commissär maß die drei unheimlichen Ge= sellen mit einem Kennerblick. . . . Da trat der Scri= vano rasch heran und raunte dem Sicherheitsbeamten ein Paar Worte in's Ohr.

Ein Lächeln flog über die Züge des Mannes, der seinen Leuten einen Wink gab. In einem Nu waren die Vagabunden, denen keinen Augenblick der Gedanke zu widerstehen in den Sinn kam, mit Hand= schellen versehen.

Während dieser Operation wechselte der Alte mit dem Commissär leise einige Worte, öffnete dann eine

Truhe und kramte fieberhaft nach seinem Galarock, wo wenigstens nur Knöpfe und Ellenbogen fehlten. Kaum hatte er dies Festkleid auf den Schultern, als eine plötzliche Metamorphose mit ihm vorgegangen zu sein schien. Seine Augen funkelten wie feurige Kohlen und seine gebeugte Gestalt richtete sich, wie einen Bann abschüttelnd, in die Höhe.

Eine Stunde später stand der Schreiber vor Seiner Excellenz dem Herrn Generalpolizeidirector, der seinem Bericht gütig zuhörte. Die drei Zettel lagen vor dem Polizeichef, auf dessen Zügen ein eigenthümliches, böses Lächeln spielte. — —

Wer einige Tage früher in das unterirdische Kerkerverließ gedrungen wäre, wo der Pater Eusebio in Gewahrsam lag, dem hätte die ganze Scene mit den drei Zetteln bedeutend weniger räthselhaft geschienen. Ein großer Quaderstein, aus der schadhaften Vorder= mauer der Segreta herausgelöst, lag auf dem Boden .... die dadurch gebildete Lückenöffnung ging auf einen unterirdischen Gang hinaus. Hier kauerte der Guardian und lauschte athemlos .... Tritte hallten im Gange wieder, röthlicher Lichtschein gaukelte auf der gegenüberliegenden Wand des Corridors, der zum Cubapavillon führte. Mit einem Male sah der Pater

deutlich durch sein Guckloch fremdartige Gestalten, wie
Phantome, vorübergleiten und sich in den Katakomben
verlieren. Sie hielten Blendlaternen und zogen vor=
über, beflügelten Schrittes, in weite Mäntel gehüllt,
wie ein Gespensterheer. . . . .

Einige Stunden später finden wir den Guardian
bei seinem Lämpchen sitzend . . . ein Tropfen bunkel=
rothen Blutes perlt auf seinem aufgeschürzten Arme;
er taucht die spitze Kante seines Rosenkranzkreuzes
hinein und schreibt eifrig auf kleine Streifen Papier.
. . . . Ein schadenfrohes Grinsen spielt um seine
Lippen, er nickt zufrieden, der Riverendissimo Padre,
und scheint ganz vergnügt. . . .

Nach einer Weile tritt der aufwartende Kapuziner
in das Verließ. Der Quaderstein ist wieder einge=
fügt, von Schreibzeug keine Spur, und der Guardian
macht sich mit gutem Appetite an seine tägliche Mahlzeit.

Dreimal seit dieser Stunde ist der aufwartende
Mönch wiedergekehrt, drei unberührte Brode liegen
vor dem Gefangenen. Auf die Frage des Wärters, ob er
kein Brod mehr wünsche, antwortet der Pater Eusebio:

„Ein Gelübde hab' ich gethan, mein Brod all=
täglich den Hungernden zu schenken, die des Abends
an der Klosterpforte gespeiset werden."

8*

Und die drei Brode des Gelübdes wurden, dem Gelübde gemäß, den Dürftigen gespendet. — —

Am Abende des zweiten Aprils erschien ein Trupp von Obdachlosen und Dürftigen vor dem Klosterthor, das Asylrecht anflehend. Der Bruder Portinajo machte den milbthätigen Traditionen des Klosters gemäß nicht die geringste Schwierigkeit die Leute einzulassen, welche wie gewöhnlich in einem für diesen Zweck bestimmten Anbau auf der Südseite des großen Hofes für die Nacht untergebracht wurden.

Es waren lauter lackenschlotternde, pflastertättowirte Gesellen, rechte Kostgänger des nackten Elendes, ein= äugig die Einen, mit der Amorbinde querüber, krücken= beinig die Andern, in lendenlahmem Zustande, wahre Prachtexemplare aus dem berüchtigten „Mirakelhof" von Notre=Dame, diebsseligen Angedenkens. Kaum waren die Kerle in dem Gemache, wo man ihnen Brod und Wein gereicht hatte, allein beisammen, als sie die Krücken fein sauber unter den Armen wegnahmen, ihre Binden bequemer lockerten und unter Lachen Karten und Würfel unter ihrem Lumpencostüm hervorziehend mit be= stem Humor sich an ein Spielchen machten. Bei dieser Ge= legenheit blitzte hie und da das Heft eines Dolches oder das Beschläge eines Pistolenkolbens unter den Lacken hervor.

Neuntes Capitel.

Die Brüder der blauen Insel.

Francesco Tollari, der todte Kapuziner, der seit hundert Jahren, den Stab in der Hand, den Eingang zu den Kapuzinerkatakomben bewacht, sollte diese Nacht wunderliche Dinge zu sehen bekommen. Leer und öde waren oben die Mönchszellen, unten aber im hochgewölbten Mittelschiffe der Todtenhallen gings bunt und lebhaft her. Zwei Männer saßen an einem schwarzbehangenen Tische, wo neben allem nöthigen Schreibzeug eine Kerze flackerte: Antonio Maratta und der Pater Resurrecturus. Zwischen ihnen stand ein dritter Sitz noch leer, wahrscheinlich für den Präsidenten der Gesellschaft bestimmt. Die Gestalten ringsum trugen in ihren Physiognomieen das Gepräge des Ernstes und der Entschlossenheit. Einige, in lange Mäntel gehüllt und behaglich mit Strümpfen und Schnallenschuhen herausstaffirt, glichen reichen Bürgern von Corleone, während Andere die braune Spitzmütze der Küstenschiffer trugen und wieder Andere, mit den bunten Gürteln, der enganschließenden Halbhose und

den Hanfbastmokassin's, wie flotte Bauernbursche auf
dem Fest der „Pabrona" aussahen. Eine gewisse
Anzahl trug bis oben zugeknöpfte Paletot's und breit=
krämpige Filzhüte.

Eine wunderliches Publicum harrte des Schau=
spieles. Stumme, stille Gesellen waren's in den drei
Etagen von Mumienlogen ringsum. Sich wie Karyatiden
stützend, standen sie übereinander in ihren Bretternischen,
die Ordenskutte über den vertrockneten Gliedern, beim
gaukelnden Lichtscheine die seltsamsten Grimassen
schneidend. Den Einen verzerrte ein plötzlich verstei=
nerter Lachkrampf die eingeschrumpften Gesichter, wäh=
rend die Andern die schneidendscharfen Lippen convul=
sivisch zusammenpreßten, als wollten sie einen geheimen
Schmerz verhalten. Diese wieder, die verwelkten
Augen und den verdrehten Mund weit offen, schienen
extatisch dem Pulsschlage einer andern Welt zu lau=
schen, und Jene lehnten still und müde zurück, wie
eingeschlafene Schildwachen oder zum Tode erschöpfte
Ascetiker, welche nach langen, gebetdurchwachten Näch=
ten der süße Schlummer mit mitleidiger Liebe heim=
gesucht. Einige wenige nur standen aufrecht, stramm
und aufmerksam, wie verlorne Vorposten der großen
Todtenarmee, auf das erste Posaunensignal am Tage

der Ausgleichung harrend, um ihre schlafenden Brüder
zu erwecken.

Von Zeit zu Zeit tauchten neue Gestalten aus
dem geheimen Gang hervor, der mit dem Cubapavillon
in Verbindung steht. Dort in dem „Serdap" des
Pavillon's, wo der Guardian die beiden Liebenden
überrascht hatte, hielten zwei lebende Statuen von her-
kulischen Formen an der Ausmündung des Ganges,
während eine dritte Statue an der andern verschlosse-
nen Thüre wachte. Ein leises Pochen von außen . . .
ein Flüstern: „Zacara" — die Thür öffnete sich und
glitt lautlos wieder zu. Der Ankömmling schlich
dem Eingang der Souterrains zu, da erhub die eine
Statue ihre Hand und eine Stimme sprach langsam:

„Welcher ist der König der Bäume?"
„Wann blühet der Korallenbaum?"
„Wie blühet der Korallenbaum?"

Auf genügende Antwort gab's freie Passage, beim geringsten Anstande funkelten zwei Dolche in der Dunkelheit . . . . Man sieht, die einfache Parole, wie
Manuel, Dreieinigkeit und dgl. der Carbonaris genügt hier nicht und Wehe dem, der die caudinischen
Engpässe der drei Fragen nicht zu passiren vermochte! — —

Jetzt machte sich drinnen in den Katakomben eine
Bewegung unter den Gruppen bemerkbar, ein Mann,
einen weiten, grauen Mantel auf den Schultern, mit
einer blauen Spitzmütze, wie sich die Leute von Calatafimi tragen, trat aus dem Halbbunkel der Einmün-
bung des unterirdischen Ganges hervor, die Reihen
öffneten sich, und der Ankömmling nahm schweigend
auf dem leeren Sitze zwischen Antonio Maratta und
dem Pater Resurrecturus Platz.

Es war Fantasio Camponero, der Emissär der
Giunta. Die Lebenden warteten schweigsam, wie das
zuschauende Mumienpublikum ringsum.

Jetzt erhob sich der Abgesandte, entblößte das
Haupt und sprach mit tiefer, sonorer Stimme:

„Im Namen der Freiheit und des einigen, un=
theilbaren Italiens, die hohe Giunta in Genua ent=
bietet den Brüdern der blauen Insel ihren Gruß.“

Eine Pause trat ein, worauf Camponero wieder
begann:

„Die Männer der nationalen Partei, die ins=
geheim mit unermüdlicher Liebe über die Geschicke
unseres geliebten Vaterlandes wachen, haben die Fort=
schritte des großen Befreiungswerkes mit jauchzender
Freude begrüßt. Die Einigung der Völker Italiens

geht ihrer Vollendung entgegen. Mit jedem Tage
schwinden mehr und mehr die alten Provinzialgehässig-
keiten, und die alten Sondergelüste der Municipien,
die bisher der Kraftentwicklung des gemeinsamen Vaterlandes so hemmend entgegentraten, weichen allenthalben dem großen, patriotischen Gemeinbewußtsein.
Die Männer der Giunta, die mit stets wachsamem
Auge die Handlungen des Hauses Savoyen verfolgen,
damit nicht ein von den Inspirationen eines fremden
Despotismus genährter Ehrgeiz dieser Fürsten der
Freiheit der Nation schädlich werde, haben mit der
aufrichtigsten Genugthuung vernommen, daß der Geist,
welcher das edle Volk Siciliens und seine Auserwählten beseelt, der wahre Geist der Freiheit sei, jener
Geist, der mit allen Kräften die Regenerirung des
großen Vaterlandes auf der breitesten Basis staatlicher
Freiheit und autonomischer Institutionen anzubahnen
erstrebt. Die Freunde der Nation in Genua wissen
wohl, welche ausgezeichneten Dienste durch die uner-
müdliche Verbreitung dieses Geistes unter den Bewohnern dieser Länder die Brüder der blauen Insel
der gemeinsamen Sache geleistet haben, sie wissen
es und sagen ihren Brüdern dafür den wärmsten
Dank. — —"

Ein beifälliges Gemurmel unterbrach hier den Redner und hie und da hörte man die Rufe: „Viva Mazzini, viva la giunta!"

„Es handelt sich," fuhr der Redner nach einer Pause wieder fort, „nicht um halbe Maßregeln, nicht um Erlangung von Concessionen und Versprechungen, denen die Könige stets Hohn gesprochen haben, es gilt ein für alle Male die verbrecherische Dynastie des Königs „Bomba,"*) verwünschten Angedenkens, aus der Reihe der Könige zu streichen. Vor einem halben Jahrhundert schon rief der große Bonaparte: „Die Existenz der neapolitanischen Bourbonen ist unverträglich mit der Ruhe Europa's;" wir rufen heute: diese Dynastie hat sich durch ihre Verbrechen unmöglich gemacht, der Allmächtige hat die Stirne dieser Race mit dem Kainszeichen gebrandmarkt, die Weltgeschichte hat sie verurtheilt!"

Neue Bewegung in der Versammlung, die von den unzweideutigsten Zeichen des Beifalls begleitet ist. Der Emissär fuhr nach einem Momente wieder fort:

„Könige selbst, die sonst mit Blindheit umnachtet sind, haben den blutigen Herrschern in Neapel ihre

---

*) Ist der Spitzname des Königs Ferdinand in Sicilien.

Entrüstung kundgegeben, große Nationen haben diesen
Wahnverblendeten den Abgrund gezeigt, den sie seit
Jahren, mit Verachtung aller göttlichen und mensch=
lichen Gesetze, sich selbst unter ihren Füßen graben.
Sie sind taub geblieben der furchtbarsten Mahnung!
Möge ihr Geschick sie ereilen!"

„Nieder mit der Tyrannei, Tod und Verderbniß
den Tyrannen!" riefen die Verschworenen unterein=
ander.

Der Mazzinist fuhr mit flammendem Blicke fort:

„Schon ist Einer dieser blutbefleckten Throne zu=
sammengestürzt, Viele unter uns haben das Donner=
getöse vernommen, womit er die Welt in seinem Sturze
erfüllt! Schaut hin, meine Brüder, die Zeichen trü=
gen nicht, die beiden Throne, die noch stehen, wanken,
den bleichen Königen schwindelt's, sie erzittern vor
der Rache des Volkes, ein Augenblick noch, und sie
werden von der Höhe herabgeschleudert!

„Der junge Tiger in Neapel glaubt an die Ruhe
und Unterwerfung seiner Opfer, weil's stille ist, un=
heimlich stille rings um ihn, er vertraut auf die Gra=
besruhe, welche seine Schergen und Blutrichter um
ihn geschaffen haben! Der Unsinnige! Die Zeiten sind
vorüber, wo die Völker, wie eine gemeine Heerde, die

Stirn gesenkt, dahinwandelten, des Todes würdig, wenn sie es wagten, das Auge zum Lichte zu erheben! Fürchtet nichts, edle Söhne dieser schönen Insel, vertrauet mit festem Muthe in die ewig gerechte, heilige Sache der Freiheit, sie wird Euch nicht im Stiche lassen. Eure gefolterten Brüder, Eure gemordeten Freunde werden, als verklärte Märtyrer, Eure Schaaren zum Siege führen, und die Söldlinge des schuldigen Königs werden mit Entsetzen zurückweichen, die Waffen werden den zitternden Händen entfallen und, von einer abergläubischen Furcht geschlagen, werden sie, wie ehedem die Barbaren an den Thoren des Tempels zu Delphi, ihre Frevlerhände nicht zu erheben wagen, um den geheiligten Leib des Vaterlandes anzutasten!"

„Es lebe die Freiheit, es lebe das große, einige, untheilbare Italien!" rauschte es durch die mächtigen Wölbungen.

Der Emissär hatte sich wieder niedergelassen. Nachdem der Tumult sich etwas gelegt, sprach Antonio Maratta mit lauter Stimme: „Bruder Fantasio, habt die Güte, einen Blick in diese Schrift zu werfen, und Ihr werdet Euch überzeugen, daß alle Vorbereitungen zum entscheidenden Schlage getroffen sind; Ihr findet

da die einzelnen „squadre" (Freischärlerbataillons)
mit ihren Namen, Werbebezirken und Führern, alles
bis zu dem Namen und Charakter eines jeden
„Picciotto" (Freischärler)."

Camponero nahm die Schrift, durchlas sie mit
großer Aufmerksamkeit und fragte dann: „Wo hält
sich der Oberbefehlshaber, La Masa, eben auf?"

„In Monreale," lautete die Antwort.

„Die Notizen über die Dispositionen und den
Eifer der Patrioten sind durchaus befriedigend," fuhr
dann der Emissär fort und, sich an den Pater Resur=
recturus wendend, fragte er:

„Wie viele Waffen bergen die Katakomben, meine
Brüder?"

„Dreitausend Männer können in ein paar Stun=
den mit Messern und Pistolen versehen werden," er=
widerte der Pater.

„Wann habt Ihr die letzten Nachrichten von La
Masa erhalten?" begann nach einer Pause wieder der
Abgesandte der Giunta.

„Vor drei Wochen etwa," antwortete Antonio.

Camponero wollte eben erwidern, als er, plötz=
lich innehaltend, aufsprang und mit flammenden
Augen rief: „War das nicht ein Signal?"

Die Verschworenen geriethen in eine tumultua=
rische Bewegung.

„Das Signal eines Extraboten," rief plötzlich ein
Bruder, „schaut hin, da kommt er."

Die Aufregung legte sich wieder, indeß der Mazzi=
nist, dessen geübtes Ohr in der Deutung verdächtiger
Signale sich selten täuschte, vor sich hinmurmelte:

„Es kam mir vor, als wär' es von der entge=
gengesetzten Seite gewesen."

Der Bote, ein kräftiger Picciotto, mit buntem
Gürtel, braunem Wamms und einem großen
Kupfer amulett mitten auf der Brust, trat in die
Mitte und zog aus seiner Brust zwei gesiegelte Schrei=
ben heraus.

Camponero nahm sie beide und erbrach hastig
das Erste. Nachdem er es durchgelesen, sprach er zur
Versammlung gewendet:

„Dies Schreiben, in einer geheimnißvollen Zei=
chenschrift geschrieben, ist von der Hand des hochver=
ehrten Patrioten, des Doctors Bertani in Genua.
Es enthält neue Instruktionen und Verhaltungsmaß=
regeln, wobei dringend empfohlen wird, ja nichts zu
überstürzen, indem die Vorbereitungen der Expedition,
unter dem Befehle des Generals Garibaldi, unmöglich

vor Anfang des folgenden Monats beendet sein können;
Ihr hört es, Brüder, Vorsicht und Klugheit!"

Darauf den zweiten Brief öffnend, las er zuerst
die Unterschrift, da ihm die Handschrift unbekannt
war. Sie lautete „La Masa."

„Von La Masa," rief er laut, während die Ver=
schworenen sich begierig herzudrängten. Der Emissär
begann mit großer Aufmerksamkeit zu lesen, plötzlich
umdüsterten sich seine Züge, seine Augen sprühten
Flammen und ein krampfhaftes Lächeln zuckte über
seine Lippen.

„Beim schwarzen Tod, der Wahnsinnige!" schrie
der Mazzinist. „Meine Brüder, La Masa schreibt,
daß das Ausbrechen des allgemeinen Aufstandes un=
möglich mehr länger hinausgeschoben werden könne,
weil sonst die Regierung, die schon Einige seiner Leute
in's Geheim abgefangen habe, von allen Plänen der
Patrioten mittelst der Folter unterrichtet, ihre Vor=
sichtsmaßregeln in der nachdrücklichsten Weise treffen
und Alles vereiteln könnte. Für alle Fälle, schreibt
La Masa weiter, habe er schon an Dreitausend Männer
verkleidet in der Hauptstadt verborgen, an welche die
hier im Kloster versteckten Waffen, so bald als mög=
lich, auszufolgen wären. Massenhaft drohe das Deser=

tiren in den Reihen seiner Leute einzureißen, die theil=
weise von einer wahren Gespensterfurcht vor den Blut=
richtern befallen seien. Alle seine Officiere seien der
Meinung, durch ein sofortiges Losschlagen der Krisis
zuvorzukommen. Zum Schluß verlangt der Comman=
dant der „Squadre" augenblicklich Verhaltungsbefehle,
was in dieser äußerst kritischen Lage zu thun sei."

„Verhaltungsbefehle," wiederholte der Emissär
der Giunta mit zorniger Ungeduld, „so weit gehen meine
Vollmachten nicht!"

„Was ist zu thun?" riefen die Brüder durchein=
ander, auf deren Gesichtern die größte Bestürzung zu
lesen war.

„Es muß die hohe Giunta benachrichtigt wer=
den," schrieen die Einen.

„Schickt den Befehl an La Masa, die „Squadre"
bis auf Weiteres aufzulösen," ließen sich Einige ver=
nehmen, die nicht den Muth hatten, der Lage beherzt
in's Auge zu schauen.

„Brüder," tönte die vibrirende Stimme Antonio
Maratta's, „lieber Kampf auf Leben und Tod gegen
die Thrannen!"

„Auf Leben und Tod!" schrie'n einige Gruppen in
wildem Tumulte.

„Meine Brüder," klang die Stimme des Paters Resurrecturus dazwischen, „vermeiden wir vor Allem unnützes Blutvergießen!"

Ein großer Theil der Versammlung war der Meinung, man könne nichts ohne Hülfe von Außen unternehmen, es müsse die Entscheidung der Giunta in allen Fällen abgewartet werden. Es war dies die bei einem politisch so unreifen und an so lange, entnervende Knechtschaft gewöhnten Volke stets überwiegende Fraction der Kleinmüthigen, der unterirdischen Verschwörer, die so lange Muth und patriotischen Feuereifer zeigen, als sie sich in ihrer lichtscheuen Agitationssphäre sicher glauben, die aber, vor einer freien, raschen, kühnen That feige zurückschreckend, allsogleich die Möglichkeit eines Rückzuges, so lange es noch Zeit sein möchte, im Auge haben.

Fantasio Camponero war aus besserem Zeug gebildet, als all' die Zauberer; er war tollkühn, wie so viele Männer aus der Schule Mazzini's; er hatte den Glauben, den felsenfesten Glauben an die Sache der Freiheit, die triumphiren müsse. Auf der andern Seite kannte er jedoch die Sicilianer und ihre politische und militairische Leistungsfähigkeit vielleicht nicht genügend, sonst hätte er nicht ausgerufen:

„Vorwärts geschaut, meine Brüder, eine Armee von Patrioten ist unter den Waffen; noch ist der Feind ungerüstet; benutzen wir den kostbaren Augenblick, ehe er seine ganze Kraft gesammelt!"

War's geheimer Ehrgeiz des Emissärs, auf eigene Faust die Geschicke dieser Volkserhebung zu lenken, war's ein verzweifelter Entschluß in der Nacht der Rathlosigkeit, oder der Optimismus eines Freiheitsutopisten aus der Schule der Carbonari? Von allem Dem trug wohl Jedes das Seinige zu dem plötzlichen, tollkühnen Entschlusse des Emissärs bei. Nochmals mußte er die Verschworenen in Flammenworten zu stürmischem Enthusiasmus hinzureißen, und lauter Jubel begleitete die Worte:

„Auf, die Stunde ist gekommen!"

„Sie ist gekommen, für Dich und alle die Deinigen, Signor Camponero," klang eine vibrirende Stimme aus der Tiefe der Katakomben, als furchtbares Echo. Ein Mann in der Kapuzinerkutte tauchte plötzlich aus der Tiefe eines Seitenganges auf, mit einer kühnen Geberde die Kapuze zurückwerfend, — es war Francesco Correga, der gefürchtete Bluthund Manifalcos! — —

Zehntes Capitel.

Enthüllungen.

La Masa's Courier war eben, • nachdem er ein Signal gegeben, durch den Gang vom Cubapavillon eingedrungen, als von Neuem an das Serbappförtlein gepocht ward. . . . . Der Wächter öffnete mit Vorsicht die Thür, ein erstickter Schrei . . . . und er röchelte am Boden, mitten in's Herz getroffen . . . . ein furchtbarer Kampf dann, aber von kurzer Dauer, und die beiden Riesen an der Souterrainthür lagen festgeschnürt und geknebelt.

In demselben Momente ward an der Klosterpforte der Bruder Portinajo von einem wilden Gesellen in Lumpen niedergeschlagen, es klirrten die Schlüssel, die Thore sprangen auf, und ein Trupp Blauröcke huschte geräuschlos herein. Beim rothen Denkstein im Kreuzgange tanzte ein einsames Irrlicht inmitten einer Gruppe unheimlicher Gestalten, der Stein rollte zurück, und das Irrlicht tauchte hinab und mit ihm die Gestalten.

Drunten schlichen die Eindringlinge eine Zeitlang

9*

beim Schein der Blendlaterne fort, dann plötzlich er=
losch das Licht; sie warfen sich auf die Erde nieder
und krochen lautlos in der Dunkelheit auf allen Vie=
ren weiter.

Einer unter ihnen, als Kapuziner verkleidet, ver=
barg sich in einer Mumiennische und horchte; deutlich
drangen die Laute aus dem nahen Mittelschiff an
sein Ohr .... plötzlich durchschnitt ein lang gezoge=
ner Klageton die Souterrains .... ein Signal!
und die Nachtgestalten tauchten am Eingang des Mit=
telschiffes empor, an ihrer Spitze der Kapuziner,
Carrega.

Ein Tigersprung, und Camponero zückte den Dolch
auf die Brust des falschen Kapuziners, der sich mit
einem Hohngelächter auf die Seite warf .... ein
kurzes Ringen nur, und der Emissär ward von drei
Sbirren niedergeworfen.

Einen Augenblick hatte der Schreck die Verschwo=
renen gelähmt, doch schon hatten sie sich ermannt und
Waffen blitzten in ihren Händen.

„Bis auf den letzten Tropfen Herzblutes, Brü=
der!" ertönte eine Stimme, und Antonio Maratta stieß
einem Blaurock sein Messer bis an's Heft in die Brust.

Ein Wuthgeheul erschütterte die Katakombenge=

wölbe, ein erbitterter Kampf entspann sich, da plötz=
lich brach düsterrother Fackelschein von oben herein,
die Schließplatte ward gehoben, und in einem Nu wa=
ren die Katakomben mit Polizeisolbaten angefüllt.
Jetzt wüthete die blanke Waffe in der Uebermacht,
bald brach der Widerstand, und wilder, panischer
Schrecken erfaßte die Brüder der blauen Insel, die
sich in heilloser Verwirrung nach den Ausgängen war=
fen. . . . . Doch dafür hatten die Herren von der
Polizei sich schon vorgesehen . . . . der Cubagarten,
die Klosterkirche und alle Zugänge wimmelten wörtlich
von Häschern, Schergen und Gensb'armen! Es war
ein reicher Fang, den der waghalsige Carrega mit sei=
ner Elitetruppe gemacht, während Chemici, die weni=
ger gefährliche Rolle vorziehend, draußen die Reserve
commandirte. Spät erst ermüdete der Eifer der
Sbirren, die, einen Theil der Nacht mit Fackeln die
unterirdischen Räume durchsuchend, die Todtennischen
durchstöberten und die Mumien unter Hohngelächter
herauswarfen. —

Der Pater Eusebio war frei und hatte die un=
beschreibliche Genugthuung, den größten Theil seiner
meuterischen Mönche in Fesseln zu sehen. War doch
eine schlaue Idee des Riverendissimo gewesen, die

drei tausend Tarizettel in den Broden zu verbergen!
Die Zahl tausend würde die braven Kostgänger des
lieben Herrgotts sicher ködern und ihre Neugierde reizen, die Sache vor einen Hungerleider von Scribano
kommen und am Ende würde sich die hohe Polizei
selbst mit der Lösung des Räthsels befassen. Und so
kam's; wir haben Se. Excellenz den Pascha von der
Polizei unheimlich zufrieden lächeln sehen; die Vor-
fälle dieser Nacht liefern die drastische Illustration dieses Lächelns. —

Der Morgen graut, die Operation ist vollendet
und Chemici zählt die Opfer, von denen zwei ihm
besonderes Vergnügen zu bereiten scheinen.

„Ah, unser Nachtvogel," murmelte er beim Anblick Camponero's, und den Pater Resurrecturus er-
kennend, rief er mit cynischem Frohlocken: „He,
Padre, war's damals nicht in der Straba del Moro,
so ist's doch heute, und heute ist's Ernst!"

Die furchtbaren Verließe des Vicariato empfin-
gen den weitaus größten Theil der Gefangenen. —

Also endeten die Brüder der blauen Insel, nachdem sie seit dem Herbste des Jahres 1859 durch re-
volutionäres Unterminiren der Insel dem nationalen
Einigungswerke nicht unerhebliche Dienste geleistet hat-

ten. Aus den Untersuchungsakten ergab sich, daß diese geheime Gesellschaft die weitverzweigtesten Beziehungen im ganzen Lande und in allen Bevölkerungsschichten unterhalten hatte. Für die Centralgiunta der äußersten Linken in Genua war dieser Geheimbund einer der Hauptfactoren zur Vorbereitung des Terrains in Sicilien gewesen, ... der Einsiedler von Caprera jedoch rechnete weniger mit specifisch sicilianischen Factoren und Elementen und .... gewann die Parthie. — —

Gegen Mittag schrieb der Capitain Chemici an Serpentina die wenigen Worte:

„Der Mann, zu dem Ihr Euch so unwiderstehlich hingezogen fühlt, Signora Marchesina, dessen Leben ein Geheimniß für Euch ist, befindet sich in den Händen der Gerechtigkeit. Es ist Fantasio Camponero, einer der gefährlichsten Agitatoren jener verbrecherischen Partei, die den Umsturz des Staates und der Dynastie mit allen Mitteln zu erreichen sucht.

Weiteres darüber zur Stunde, wo es Euch, Signora, genehm sein wird.   Chemici.“

Serpentina fuhr bei dem Namen Fantasio Camponero, wie von einer Natter gebissen, in die Höhe.

Mit Fieberhaft eine Feder aufraffend, grub sie diese Worte auf ein rosenduftiges Blatt:

„Heute Abend um zehn Uhr in der Villa auf der Marina erwartet Euch La Marchesina."

Und das Billet flog zum Polizeicommissär, der soeben eine Flasche Marsala zum Frühstück entkorkte. —

Im Laufe dieses Tages, des dritten April, ging durch ganz Palermo das Gerücht, daß die „Regii" jeden Tag einen Angriff von dem bewaffneten Volke zu erwarten hätten. Die Regierung traf ihre Vorsichtsmaßregeln. General Salzano vertheilte die Truppen geschickt, und eine neapolitanische Fregatte näherte sich in aller Stille dem Strande, um den Weg nach Termini bestreichen und so allen Zugang von dieser Seite verhindern zu können. Eine fieberhafte Aufregung herrschte in der Stadt. Unter den großen Neuigkeiten des Tages stand obenan die Entdeckung eines „Monstrecomplottes" in den Katakomben des Kapuzinerklosters und eine ungeheure Anzahl von Verhaftungen angesehener Persönlichkeiten. — —

Chemici war pünktlich beim Rendezvous der Marchesina. Der frühere Banditenchef befand sich in einer wahrhaft rosenfarb'nen Stimmung; die ver=

floſſene Nacht war ja eine ſo ausgiebige geweſen!
Die erſten Worte der Marcheſina waren:

„Was wißt Ihr von Fantaſio Camponero? Erzählt
mir Alles, was Ihr von ihm wißt, Alles, hört Ihr,
Chemici!"

Der Polizeimann warf ſich in die Attitübe des
Erzählers, der ſicher iſt, mit der größten Spannung
angehört zu werden, und begann: „Dieſes gefährliche
Subjekt, deſſen Affaire klar iſt," — hier machte der
Capitano eine bezeichnende Bewegung mit der Hand
nach dem Halſe, — „iſt ein geborner Neapolitaner.
Frühzeitig der Phantaſterei, Träumerei und Tagbie=
berei ergeben, wie der Bericht der Polizeidirektion aus
Neapel, der längſt über dieſen abominablen Carbonaro
eingelaufen, lautet, ſuchte er ſeinen Lebensunterhalt
mit Artikelſchreibereien und ſonſtigen Federſubeleien
für die ausländiſchen Journale der Oppoſition zu
verdienen. Ihr ſeht, Signora, daß der Mann ſtets
ein Freund des Umſturzes und ein Erzfeind aller be-
ſtehenden Ordnung war. Einige Zeit darauf kam er
nach Palermo, wo er, ſich eine Zeit lang als Vaga-
bund herumtreibend, mit Gott weiß was, vielleicht auf
die geſetzwidrigſte Art ſein Leben friſtete."

„Ihr ſeid ſehr ſtrenge gegen einen armen Teufel,

Capitano, zu strenge vielleicht für einen Mann, der auch dem Gesetze manches Schnippchen geschlagen hat, wie Ihr," unterbrach die junge Frau den Erzäh= ler mit einem verächtlichen Lächeln.

Chemici biß sich in die Lippen, fuhr aber gelassen fort:

„Sei dem, wie ihm wolle, nach kurzer Zeit fin= den wir den Signor Camponero verheirathet und die Stelle eines Intendanten bei dem Grafen Montina bekleidend."

Hier machte Serpentina eine heftige Bewegung, die Blässe auf Ihrem Antlitz schien noch nervöser. Der Capitano fuhr, ohne darauf zu achten, in seiner Erzählung fort:

„Bald starb die Frau unter geheimnißvollen Um= ständen, und der Mann verschwand sogleich darauf, ein Kind, ein Mädchen, zurücklassend, das Hungers gestorben wäre, hätte sich nicht die Gräfin Montina desselben angenommen und es bei sich im Hause mit ihrer eigenen Tochter zugleich auferziehen lassen."

Chemici warf von ungefähr einen Blick auf die Marchesina; Fieberfrost schüttelte ihre Glieder, ein kalter Schweiß klebte an ihren Schläfen, und ihre Blässe hatte eine leichenhafte Färbung angenommen. Erschreckt sprang der Commissär in die Höhe.

„Was ist Euch, Signora, Ihr seid todtenblaß, was habt Ihr?"

„Nichts, nichts, Signor," preßte die junge Frau mühsam heraus, „ich leide an periodischen Kopfkrämpfen von großer Heftigkeit; Eure Erzählung interessirt mich ganz besonders, ich bitte Euch, fahret fort."

Der Capitano begann von Neuem:

„Hier ist eine lange Pause, eine bedeutende Lücke in dem Bericht über das Leben dieses Abenteurers, der sich dem lichtscheuesten Lebenswandel hingegeben haben mag. Erst in neuerer Zeit hat man ihn wieder aus der Nacht emportauchen sehen, und zwar als einen wüthenden Mazzinisten, einen Verschwörer vom reinsten Wasser, einen Carbonaro von der allerhöch= sten Staatsgefährlichkeit. Doch Dank unserer Wach= samkeit ist jetzt dieser Verbrecher in unsern Händen und soll uns nicht sobald entwischen; das erste Ver= hör hat heute schon in meiner Gegenwart stattgefun= den, die Folter hat gespielt, da der Gefangene sich in ein absolutes Stillschweigen hüllt. Doch dies macht nichts, wir werden bald hören, mit welcher Stimme er singt, dieser Nachtvogel der Marina. Uebrigens hat die Gerechtigkeit mit diesem Individuum ohne= dem noch anzurechnen: die Umstände, welche den

Tod seiner Frau begleiteten, sind durchaus dunkel und ich, für meine Person, zweifle nicht daran, daß Camponero sich seiner Frau auf irgend eine Weise entledigt hat."

„Du lügst, Elender, Du lügst, infamer Bandit!" schrie plötzlich Serpentina, furchtbar hervorbrechend, mit flammenden Augen den Capitano an der Gurgel fassend.

Dieser, betäubt von dem unerwarteten Angriff, rang mühsam nach Athem unter der nervigen Hand des jungen Weibes, die den Hals ihres Gegners wie eine wüthende Pantherin umkrallte.

„Du lügst!" zischte sie wieder, den Capitano mit einem mächtigen Ruck zurückschleudernd.

Der Losgelassene schnappte begierig nach Luft, mühsam die Worte herauskeuchend:

„Ihr seid wahnsinnig, bei meinem Haupte, Signora! Was ficht Euch an?"

Serpentina stand hoch aufgerichtet, leichenblaß, ihre fahlen Lippen bebten, aus ihrem dunkelblauen Auge schossen Blitze.

„Was mich anficht, Du Blutmensch, fragst Du? Du hast Fantasio Camponero auf die Folter spannen lassen? Bei der Asche meiner Mutter, ich weiß

nicht, was mich abhält, im Augenblick selbst die
Welt von einem Ungeheuer, wie Du, zu befreien?"

Und mit einem Panthersprung war sie im
Alcoven.

Chemici wich unwillkürlich zurück, denn mit einer
gedankenschnellen Bewegung hielt ihm Serpentina ein
Pistol vor die Brust.

Die furchtbare Entschlossenheit auf den Zügen
des jungen Weibes überzog das Antlitz des feigen Ty=
rannenknechts mit Todtenblässe.

„Memme!" pfiff es zwischen den krampfhaft zu=
sammengepreßten Lippen des Weibes hervor. „Doch
warum den Henker um sein Brod betrügen?"

Ihr Pistol sodann niedersenkend, sprach sie ru=
higer:

„Reden wir kalt."

Der Polizeicommissär setzte ein Lachen an, das
ihm zur Hälfte in der Gurgel stecken blieb.

„Bei allen Teufeln!" rief er in leichtem Tone;
„es war meine Pflicht als Galantuomo, Euch ein
Bischen Furcht zu zeigen. Ihr wart furchtbar schön
in Eurem Zorne, ein wahrer Lucifer! Haha, sagt
mir, Signora, habt Ihr oft Anfälle von so . . . .
wunderlicher Art?"

Serpentina, ohne auf die ironische Frage des
Capitano zu achten, sah demselben fest in's Auge und
sprach mit großem Nachdruck:

„Signor Chemici, Ihr werdet Fantasio Camponero frei lassen!"

„Cospetto!" schnellte der Polizist in die Höhe,
der unrecht verstanden zu haben glaubte; „wie meint
Ihr, Signora?"

„Ich meine," wiederholte ruhig das junge Weib,
ihr dunkles Auge starr auf den Capitano gerichtet,
„daß Fantasio Camponero frei sein muß, und dies,
hört Ihr, diese Nacht noch!"

Der Commissär brach in ein schallendes Gelächter aus.

„Ha, bei meiner Seele, der köstlichste Einfall,
allerliebst, unvergleichlich, niederschmetternd, haha!"

„Und darf man fragen," fügte er nach müh=
samer Bewältigung seines Heiterkeitskrampfes hinzu,
„Signora, mit welchem Rechte Ihr diese so beschet=
dene Forderung stellet?"

„Weil Fantasio Camponero mein Vater ist!"
antwortete einfach die Marchesina.

Elftes Capitel.

Gefangen!

Um dieselbe Nachtstunde ward die gewichtige Mar=
morschließplatte der Katacomben bei den Kapuzinern
gehoben und zwei Männer betraten bei Fackelschein
das schweigsame Todtenrevier, das vor wenigen Stun=
den erst die Brüder der blauen Insel beherbergt hatte.
Gleich links vom Eingange, wo die weiblichen Mumien
der palermitanischen Aristokratie in ihren Glassärgen
ruhen, hielten die beiden nächtlichen Besucher still.
Der Eine — in tiefer Trauer — öffnet mit einem
winzigen Schlüssel einen der Särge, auf dessen Unter=
kasten sich ein Purpurungethüm im Silberwappenschilde
bäumt . . . der Deckel gleitet zurück . . . und drinnen
liegt, in feinen Brocat gebettet, eine Schläferin, still=
heiter, wie eine Heilige im Schreine; rings um die
Schläfen sprießen vergilbte Blumen aus dem dunklen
Haare, und ein funkelnd Halsgeschmeide hängt herab
bis über den Busen, wo's jetzt so ewigstille ist. Lange
schaut der Mann dem Mumienweibe in die glänzenden
Emailaugen, dann küßt er den welken Mund, löst sanft

ben müben Blumenſchmuck von ihren Schläfen unb
flicht ihr einen friſchen Kranz, ben ihm ber Fackel=
träger reicht, in's Haar .... ba erbröhnt es bumpf
unb weckt bie ſchlafenben Echos bes Tobtengewölbes
.... erſchrocken fahren bie beiben Männer in bie
Höhe ... Entſetzen! ... Langſam ſehen ſie Einen
ber tobten Kapuziner aus ſeiner Logenniſche heraus=
ſteigen, mit geſpenſtiſchem Schritte vorwärts ſchreiten
.... lautlos kommt er näher unb bicht an ben Ent=
ſetzten gleitet er vorüber; bie Fackel entſtürzt ben Hän=
ben bes Dieners unb erliſcht unb Beibe liegen auf ben
Knieen, fromme Geiſterbeſchwörungen murmelnb ...
Das Geſpenſt aber ſteigt langſam bie Treppen hinan,
am Ausgange ber Katacomben reckt es bie Arme aus
unb umklammert mit Rieſenkraft einen wartenben Ka=
puziner, ber ſchlaftrunken an ber Wanb kauert, blitz=
ſchnell entreißt es bem Entſetzten ben Schlüſſelbunb,
es knarrt bas Pförtlein unb bann iſt's ſtille, nur
bumpfe Schritte hallen im Kreuzgang wieber.

Halbohnmächtig raffte ſich nach einiger Zeit ber
ſchreckgelähmte Kapuziner in bie Höhe, ſchleppte ſich zur
Alarmglocke unb zog ben Strang. .... Einige Augen=
blicke ſpäter brang ber Pater Guardian mit ben we=
nigen Mönchen, bie nach ber Kataſtrophe bem Kloſter

verblieben waren, in die Katacomben und fand den
Grafen Alphonſo von Santa Lucia mit ſeinem Diener
der Sinne beraubt bei dem offenen Sarge des Weibes
liegen. Und die Todte ſchien zu lächeln, als wär's
ihr ſo recht kühlwohlig und ſtillbehaglich um's Herz.
Oder erinnerte ſich eben jetzt Donna Chiara von Santa
Lucia im Jenſeits, daß ſie heute erſt vor zwei Jahren
in dieſer Welt mit Don Alphonſo in der Olivella zum
Altar getreten war? — —

Kehren wir zu den Lebenden zurück. „Weil Fan=
taſio Camponero mein Vater iſt," hatte Serpentina
dem Capitano Chemici geantwortet.

Hätte man dem früheren Buſchklepperchef die
Nachricht gebracht, er ſei eben heilig geſprochen worden,
kaum hätte ſeine Ueberraſchung größer ſein können, als in
dieſem Augenblicke. Eine Zeit lang war er wie be=
täubt von dieſer Enthüllung. Eine Pauſe trat ein.
Das Auge Serpentina's ruhte unheimlich ſtarr
auf dem Capitano, der endlich begann: „Thut mir
leid, Signora, aber es iſt unmöglich, platterdings un=
möglich, Eurer Bitte zu willfahren. Es geht mir
wirklich nahe, aber es kann nicht ſein."

„Würde der Gefangene auf einen von dem Ge=
neralpolizeidirektor Maniſcalco unterzeichneten Befehl

auf der Stelle in Freiheit gesetzt?" fragte Serpentina mit scheinbarer Ruhe.

„Zweifelsohne, doch dieser Befehl wird nie unterzeichnet werden, so lange in Palermo Ordnung und Gesetz regieren."

„Das dacht' auch ich," fuhr das junge Weib fort, „deßwegen habe ich mich gerade an Euch gewendet, damit Ihr mir diese Gunst auszuwirken suchet."

„Ihr scherzt, Signora," erwiderte Chemici mit einem leichten Anfluge von Spott, „ich bin der Letzte, an den Ihr Euch hättet wenden sollen, denn ich kann und werde nie etwas für die Befreiung Eures saubern Vaters thun."

„Und warum nicht?" fragte gelassen die Marchesina.

„Weil ich mir Glück wünsche, zum Einfangen eines so ungeheuer staatsgefährlichen Umsturzmannes das Meinige beigetragen zu haben. Uebrigens," lächelte der Polizeibeamte hämisch, „Ihr habt ja selbst meine Aufmerksamkeit auf diesen Nachtschwärmer gelenkt, ist's meine Schuld also?"

„O hätt' ich's ahnen können!" flüsterte das junge Weib; doch, sich rasch ermannend, gewann sie wieder ihre unheimliche Ruhe.

„Was wollt Ihr auch weiter?" platzte Chemici

cynisch dazwischen; „ein schöner Vater, der Euch in
zarter Jugend dem Elende preisgegeben hat!"

„Schweigt," fuhr die Tochter des Mazziniften
auf, „es ist mein Vater!" und dann wie in ein Träumen verfinkend, murmelte fie: „Seltfam diefe Naturen,
die Alles verlaffen, alle Gefetze der Natur mit Füßen
treten, um dem Trugbilde eines einzigen, großen Ge-
dankens zu folgen!"

Plötzlich raffte fie fich wieder auf.

„Und wenn ich Euch auf den Knieen um die
Befreiung meines Vaters anflehte, könntet Ihr den
Bitten, den Thränen der Tochter widerftehen?"

„Umfonft, Signora, ich wiederhole es Euch, und
wenn alle Damen Palermos jammernd meine Füße umklammerten, um das Leben diefes Carbonaro bittend,
ich bliebe ihrem Flehen taub."

„Wenn ich Euch aber, Signor Chemici, diefe Villa,
meine Diamanten, mein Silberzeug, meine ganze Habe bis
auf den letzten Tari als Löfegeld für Fantafio Camponero
anböte, würdet Ihr diefen Preis ausfchlagen?"

„Ludovico Chemici würde alle Schätze der Welt
gegen das Haupt Camponero's ausfchlagen," antwortete mit einem komifch heroifchen Puritanismus der
frühere Bandit.

10*

„Bedenkt, Capitano, ich bin reich, ungeheuer reich," drängte Serpentina.

„Auch ich habe ein hübsches Vermögen," bemerkte Chemici mit der selbstbewußten Bescheidenheit eines Rentiers, der sein rundes Sümmchen durch langjährige, ehrliche Arbeit in's Trockne gebracht hat.

Ein fein ironisches Lächeln sprang aus den Mundwinkeln des jungen Weibes.

„Ist dies Euer letztes Wort?"

„Mein letztes Wort, Signora, und keine Macht der Welt vermag diesen felsenfesten Entschluß in meiner Brust zu erschüttern!" betonte mit großem Nachdruck der Commissär, sich erhebend. „Uebrigens, Signora, ist es heute sehr spät und ich gestehe zu meiner Schande, daß mir ein Bischen Ruhe ungemein wohl thun würde. Felicissima notte, Donna Serpentina!"

Eben wollte der Capitän sich höflich entfernen, als ihm Serpentina mit furchtbarer Stimme zurief:

„Halt!"

Ihre Hand berührte blitzschnell eine silberne Stehglocke, ein gellender Ton entwich der Metallkuppel. . . .
Zwei Männer erschienen an der Alcoventhüre, zwei Athleten von riesigen Formen, schwarzseidene Halbmasken vor den Gesichtern.

„Ergreift diesen Mann, bindet und knebelt ihn
fest!" befahl die Marchesina.

Die maskirten Herkulesse näherten sich schweigend
dem verblüfften Commissär, der zu träumen glaubte.
Schon streckten die Riesen ihre Hände aus, um ihn
zu fassen, als er, mit einem Sprung die Balconthüre
aufreißend, einen ganz eigenthümlichen, pfeifenden Ton
ausstieß, der jedenfalls ein Paar in der Nähe postirte
Polizeiagenten benachrichtigen sollte.

Serpentina ließ ein Hohngelächter hören.

„Ah, Signor, Ihr habt Euch verrechnet! Eure
getreuen Trabanten, die Euch stets in einiger Entfernung begleiten, sind heute schlafen gegangen, die
armen Teufel, die gestrige schlaflose Nacht liegt ihnen
in den Gliedern, ha, ha!"

Chemici wich bestürzt zurück und schrie, vor Wuth
schnaubend: „Das sollt Ihr mir theuer bezahlen,
Signora, bei dem Haupte Eurer Mutter!"

„Bah," höhnte die Marchesina weiter, wir werden ja sehen, wenn wir unsere Rechnung machen; für
den Augenblick ist die Reihe an mir, abzurechnen, also
frisch, Kinder angefaßt, macht mir diesen Herrn hier
sein unschädlich, daß er kein Glied rühren kann!"

Die Schergen Serpentina's warfen sich auf den

Capitano, der sich mit der Wuth der Verzweiflung zur
Wehre setzte. Einige Secunden nur dauerte jedoch der
Kampf, dann lag der Polizeibeamte fest gebunden, einen
Knebel zwischen den Zähnen, auf dem Teppiche.

Wieder gellte das Metallglöckchen, und eine neue
Person erschien an der Hinterthür. Es war der leib=
hafte Ludovico Chemici, wie er leibte und lebte, ganz
der Doppelgänger des edlen Capitano, der seinem
Originale in einem der ersten Kapitel unserer Erzählung
eine so heilsame Furcht eingejagt hatte.

„He, Gaëtano," wandte sich die Serpentina an
den Eingetretenen, „sagt doch dem Signor, der da so
entsetzliche Grimassen schneidet, daß er selbst, oder viel=
mehr Ihr in seiner Haut und seinem Namen es über=
nommen, die drei Unvermeidlichen, die sonst dem Schat=
ten ihres geliebten Herrn mit rührender Anhänglichkeit
folgen, heimzuschicken, um sich ein Wenig auszuruhen.
Nicht wahr, Gaëtano, Ihr habt die Gefälligkeit gehabt?"

Der Gefragte nickte stumm. Chemici begriff end=
lich, daß er in eine Falle gegangen war.

„Durchsucht die Taschen dieses Mannes," befahl
Serpentina.

Die Männer tauchten ihre breiten Hände in die
Brusttasche des Geknebelten. Eine dicke Brieftasche

kam zum Vorschein. Die Tochter Camponero's wühlte
begierig in den Papieren, bis sie einen von der Hand
Maniscalco's geschriebenen und unterzeichneten Befehl
auskramte. Zu gleicher Zeit fiel ihr ein Schriftstück
in die Hände, das, von einer andern Hand herrührend,
desgleichen die Unterschrift des gefürchteten Polizei=
direktors mit ihrem eigenthümlichen Schnörkel trug.
Zufällig einen Blick darauf werfend, erkannte Serpen=
tina die Hand Chemici's. . . . Eva's Tochter ward
neugierig und begann zu lesen. Mit nicht geringem
Erstaunen erkannte die junge Frau in dieser Schrift
nichts Anderes, als einen Befehl zu ihrer eigenen Ver=
haftung in aller Form und Regel, „stark verdächtig,"
wie die Apostille aus Chemici's Hand bemerkte, „in
geheimer Verbindung mit Mitgliedern der Umsturz=
partei zu stehen." Die Marchesina zog diesen Ver=
haftsbefehl heraus und verbarg ihn unbemerkt in ihrem
Busen. Chemici sollte nicht ahnen, daß ihm diese
Waffe für den Augenblick nicht mehr zu Gebote stand.

„Signor Capitano," sprach dann die junge Frau,
„kann man ein vernünftig Wort mit Euch reden, ohne
daß Ihr Euch unnützem Schreien und Toben hingeben
werdet, dann soll Euch die „Angstbirne" einen Augen=
blick aus dem Munde entfernt werden."

Der Gefangene nickte mit dem Kopfe. Ein Wink, und die Zunge des Geknebelten ward gelöst.

„Seht diesen Befehl des Polizeidirectors," fuhr die Tochter des Mazziniften fort, ihm das Papier vorhaltend; „wollt Ihr hier im Augenblicke niederschreiben, was ich Euch dictire, und zwar, versteht mich recht, Signor, mit der Handschrift Manifcalco's?"

„Ich verstehe es nicht, Handschriften zu fälschen," antwortete achselzuckend der Commiffär.

„Ah," lachte Serpentina, „Ihr versteht dies nicht? Wie kommt es, daß Ihr in Trapani vor einigen Jahren wegen Fälschung verurtheilt worden seid?" . . .

„Verläumbung, elende Verläumbung!"

„Es sei, Ihr seid unschuldig," lenkte Serpentina ein, „doch glaube ich mich zu erinnern, daß Ihr öfter Eure Fertigkeit rühmtet, fremde Handschriften nach= ahmen zu können; ist dem so?"

„Ich entsinne mich nicht, dies behauptet zu haben," erwiderte unwirsch der Capitän.

„Nun, wenn Ihr dies vergessen habt, dann wer= det Ihr eben heute Euer Möglichstes thun, um die Handschrift Eures Vorgesetzten nachzuahmen."

„Nimmermehr!"

„Werden sehen," schloß gelassen Serpentina, und
zu einem der Athleten gewendet rief sie:
„Bringt den „arganello" und das Kohlenbecken!"

Zwölftes Capitel.

Das fatale Diadem.

Wir sind in der Wohnung Antonio Maratta's.
Draußen, wo die einsame Platane schattet, dunkelt's,
drinnen sitzen stumm die beiden Frauen, die auf das
theure Haupt Antonio's all' ihre Liebe gesetzt. Erschöpft ist sie zurückgesunken, die arme Mutter, ihr
Haupt ruht in den Händen der jungen Braut. Lilla
wacht und wacht, seit der Geliebte sich entfernt, düster-
starrend, thränenlos . . . doch keine Klage kommt über
ihre Lippen. Wozu? Ahnt sie nicht, daß vielleicht ewige
Kerkernacht den umfängt, den sie mit der ganzen Macht
ihres Herzens liebt? Seit die Sbirren Carrega's dies
durch Arbeit und Liebe geheiligte Gemach entweiht,
kannte sie das geheime Doppelleben des geliebten
Mannes, bewunderte sie die hinreißende Gluth, womit
er von der Morgenröthe des Vaterlandes sprach, be=

neibete sie seinen heiligen Glauben, seine kühne Zuver=
sicht . . . und doch zitterte sie für den Geliebten, dies war
der Antheil der Gefahren, den sie vom Manne ihres
Herzens mit Ungestüm gefordert hatte.

Jetzt fuhr die Alte wild empor. „Antonio,
Antonio!" jammerte sie mit herzzerreißendem Tone
und sank wieder zurück, in einen Thränenstrom aus=
brechend.

„Mutter," flüsterte Lilla, mit mitleidiger Liebe zur
schluchzenden Matrone sich herabneigend, „warum diese
Verzweiflung? Ist's das erste Mal, daß Antonio zwei
Tage abwesend ist?"

Die Alte blickte auf.

„Du hoffst, Lilla?" fragte sie heftig.

„Ich liebe," erwiderte einfach das Mädchen, „und
wer liebt, verzweifelt nicht."

„Du hoffst," fuhr die Mutter des Künstlers mit
steigender Heftigkeit fort, „meinst Du mich zu täu=
schen, mich, die Mutter, die seit Monaten jeden Blick,
jedes Lächeln, jeden Seufzer ihres Sohnes in der
Angst ihres Herzens belauscht? Weißt Du, wie viel
Nächte ich durchweint? Keine Frage ist aus meinem
Munde gekommen, keine Klage meinen Lippen ent=
schlüpft, aber hier in meiner Brust wollte mir das

Herz vor Angst entzweispringen! Und Du willst mich täuschen, Mädchen?"

„Beruhigt Euch, beste Mutter," besänftigte sie Lilla, „seht mich an, ich habe Vertrauen in Antonio's Stern. Ich weiß nicht, wie es ist, doch seit einigen Augenblicken ist mir so hoffnungsmuthig, so lichtvoll um das Herz, als wär's nie Nacht da drinnen gewesen."

„Tiefe, ewige Nacht ist's hier bei mir," murmelte die Matrone düster.

Lilla umschlang das Haupt der Alten und küßte sie zärtlich auf die feuchten Augenlider.

„Mammina," lispelte sie, „glaubst Du an die Ahnungen der Liebe?"

„Böse Ahnungen gibt es, das glaub' ich; ob gute, das weiß ich nicht," antwortete kopfschüttelnd die Alte. „Vor vielen Jahren war's, als mein seliger Mann von Castrogiovanni zurückkommen sollte, — er kam nicht, Ahnungen quälten meine Seele und siehe da, eines Abends brachten sie ihn . . . aber bleich und todt, eine große, tiefe Wunde im Herzen . . . das war meine Ahnung!"

Die Mutter Antonio's bedeckte das Gesicht mit den Händen.

„Du bist grausam gegen Dich selbst und gegen

mich," sprach mit liebevollem Vorwurf das junge
Mädchen, die Hände der Alten sanft loslösend; „Du
quälst Dich mit Schreckensbildern; meine Ahnung ist
ein lichtgebornes Kind, etwas, was wohl thut, wie
ein Schmeichelwort aus dem Munde Antonio's."

„Und welches ist Deine Ahnung?" fragte ungläu=
big die Matrone.

„Sieh, Mammina, ich muß Dir gestehen, daß
noch vor einigen Augenblicken auch mein Herz von
bösen Ahnungen gefoltert war, wie das Deinige . . .
plötzlich aber war mir's, als fühlte ich einen Hauch
über meine Stirn gleiten und eine schmeichelnde Stimme
flüsterte mir zu: „„Ich bin's, ich, Antonio!"" Und
jedes Mal, wenn mir Antonio unvermuthet naht, habe
ich dies Gefühl, und mein Ohr vernimmt dieselbe
Stimme . . . immer dieselbe, Mütterchen . . . doch
was ist das?" . . .

Mit einem Sprung fuhr das Mädchen in die
Höhe und horchte. . . . Plötzlich den Arm der Alten
convulsivisch umklammernd, rief sie:

„Mutter, Mutter, er ist's, er ist's!"

„Antonio, sagst Du?" schrie die Matrone mit
einem irrsinnigen Ausdrucke. . . . Die Thüre sprang
auf, ein Mann erschien in einer Kapuzinerkutte, das

Angeſicht halb verhüllt . . . die Alte wich zurück, eine
blitzſchnelle Bewegung, und Lilla's Hand ſchlug die
Kapuze zurück . . . nur ein Schrei, ein Schrei wahn=
witziger Freude, herzſprengenden Jauchzens entgellte
der Bruſt der beiden Frauen. Antonio lag in den
Armen von Mutter und Braut. . . .

Die Freude hat ſich müde geweint und beide
Frauen horchen, wie Antonio, der Auferſtandene, ſeine
wunderbare Rettung erzählt. Nach der Kataſtrophe
in den Kloſterkatacomben hatte der junge Künſtler in
einem leeren Sarge Unterkunft gefunden. Welcher
Aufenthalt inmitten der Mumiengeſellſchaft dieſes un=
heimlichen Todtenrevieres! Alle Geſpenſterſchrecken
überkamen den einzigen Lebenden in dieſer phantaſtiſchen
Unterwelt; ihm war's, als vernehme er ſeltſame Laute,
erſticktes Flüſtern, gedämpftes Stöhnen, leiſes Raſcheln
und Kniſtern, als drehe hier ein ewiger Schläfer die
müdgelegenen Glieder um, als recke dort ein Anderer
die erſtarrten Knochen aus.

Maratta berichtete dann weiter, wie er nach
zahlloſen, fruchtloſen Verſuchen, einen Ausgang zu
finden, auf die ſeltſame Idee verfiel, Einen der todten
Padres ſeines Ordenscoſtümes zu entkleiden und ſich
in ſeiner Logennische zu verbergen, in der Hoffnung,

bei einer etwaigen Oeffnung der Katacomben, die abergläubische Furcht der Besucher benützend, in der Kutte der beraubten Mumie zu entkommen.

Das Uebrige weiß der Leser. — —

Gern möchten wir noch länger in der stillen Oasis hinter der Ninfa verweilen, aber unsere Handlung drängt uns in das Boudoir der Tochter Camponero's zurück.

Auf den Befehl Serpentina's verschwand Einer der maskirten Schergen, um einen Moment darauf mit einem Kohlenbecken und einem um einen kurzen Stab gewickelten Strick wieder zu erscheinen.

Die Marchesina machte ein Zeichen, die unheimlichen Gesellen ergriffen den Liegenden und knebelten ihn von Neuem. Sobann einen Stuhl in die Mitte des Boudoirs setzend, warfen sie den ob all dieser Vorbereitungen entsetzten Patienten darauf und banden ihm die Beine an die Vorderfüße des Armensünderfessels fest. Während sich der Ruffiano mit stoischer Gemüthsruhe, als handelte es sich darum, auf der Piazza die Stanzen Ariost's beklamiren zu hören, eine Cigarette an dem Kohlenbecken anzündete, ergriff Serpentina den strickumflochtenen Stab und wandte sich an den Capitano:

„Amico, Ihr kennt dies harmlose, unscheinbare Instrument da; es sieht aus wie ein Spielzeug, und in der That mehr, wie einmal, habt Ihr und Eure Henkersknechte ein grausames Spiel damit getrieben; man nennt es den „arganello", die „Schrauben= binde," das „fatale Diadem," wie Ihr es getauft habt, denn Eure Bewunderer und Neider behaupten, Ihr hättet selbst diese allerliebste Erfindung gemacht; einfach und sinnreich, unleugbar. — Also wollt Ihr die Handschrift Maniscalco's fälschen oder nicht?"

Der Geknebelte verneinte energisch mit dem Kopfe.

„Gut," fuhr die Tochter des Mazzinisten fort; bereitet das Becken!"

Einer der Herkulesse blies mit Macht in die stillglimmende Gluth, daß die Funken lustig auf= knisterten.

„Nähert das Kohlenbecken," befahl kalt die junge Frau; „und nun frisch an's Werk, Kinder!"

Mit diesen Worten den Strick vom Stabe ab= rollend, bildete sie eine Art Schlinge, welche sie um die Stirne des Patienten legte, fest band und mit dem in den Knoten gesteckten Stabe umdrehte. Auf einen Wink trat einer der Männer herzu und ergriff den Drehstock, während der Andere dem Patienten mit

großer Gewandtheit Stiefel und Strümpfe herunterzog und sodann das glühende Becken in eine sehr gefähr=
liche Nähe der nackten Füße des Capitano setzte.

„Allegri!" rief jetzt die Marchesina, in die Hände klatschend.

Der Athlet am Drehstock drehte langsam . . . .
Der Gefolterte machte eine convulsivische Bewegung, seine Augen schienen zu wachsen, anzuschwellen, als wollten sie aus den Höhlen herausspringen . . . er war furchtbar anzuschauen.

„Halt!" befahl Serpentina und zu Chemici ge=
wendet, fragte sie:

„Wollt Ihr den Befehl schreiben, oder nicht, Signor?"

Die beiden stieren Augen des Gefolterten waren mit einem entsetzlichen Ausdrucke von Haß auf die Tochter Camponero's gerichtet. Es erfolgte keine Be=
wegung des Kopfes. Serpentina wiederholte:

„Zum letzten Male, wollt Ihr, oder nicht?"

Keine Antwort. „Das Kohlenbecken unter die Sohlen!" befahl sie mit vibrirender Stimme.

Jetzt nickte der Patient mehrmals mit dem Kopfe, zum Zeichen, daß er den Befehl Serpentina's zu er=
füllen bereit sei.

Wenige Secunden darauf waren die Folterwerkzeuge auf die Seite gelegt, der Oberkörper des Gefangenen von den Banden befreit und ein Tisch mit Schreibzeug vor ihn hin geschoben. Serpentina legte ihm den Befehl von Maniscalcos Hand, wie eine kalligraphische Vorschrift einem Schreibschüler, vor und dictirte:

„Wir befehlen hiermit, den unschuldig in Anklagestand versetzten Signor Fantasio Camponero aus Neapel unverzüglich und ohne den geringsten Aufschub — —“

Der Schreibende hielt einen Augenblick inne, mit der Hand über die Stirne fahrend, als wolle er die ganze Scene dieses unheilvollen Abends wie einen bösen Traum hinwegwischen . . . . ein dunkler, rothblauer Streifen bezeichnete die böse Spur des „fatalen Diadems“ . . . . „ohne Aufschub“ . . . . betonte langsam die Marchesina und unerbittlich . . . . Chemici seufzte tief auf, seiner Peinigerin einen langen Blick zuwerfend . . . . „auf freien Fuß zu setzen,“ schloß die Tochter Camponeros mit Nachdruck.

„Palermo den 3. April im Jahre 1860 des Heiles.   Der Generalpolizeidirector für die „Intendenze al di là dal Faro.“
Giuseppe Maniscalco.

„Vergeßt nicht den Schnörkel an der Unterschrift, er ist äußerst bezeichnend," bemerkte die Tochter Camponero's.

„Und," fuhr sie fort, nachdem der Capitano den Schnörkel mit einem kühnen Federstrich ausgeführt hatte, „als Apostille schreibt oben mit großer Schrift: Den Beamten des königl. Gefängnisses „di Vicariato" empfohlen!"

Der Gemaßregelte legte die Feder nieder, das Falsum war fertig. Serpentina verglich das Schriftstück mit der wahren Handschrift Maniscalcos, nickte befriedigt und sprach: „Ihr seid ein Meister, Signor Chemici, kaum versteht es Gaëtano besser, Eure Person nachzuahmen, als Ihr die Handschrift Eures Vorgesetzten. Ich bin mit Euch zufrieden und hoffe, daß Ihr die etwas unzarte Art, womit ich Euch zur Abfassung dieses Schriftstückes zu zwingen mich in der unangenehmen Lage befand, nicht allzu übel vermerken werdet. Im Uebrigen bin ich genöthigt, Euch noch einige Zeit als Gefangenen zurückzuhalten, bis unser Beider Freund Gaëtano, immer als Obercommissär Ludovico Chemici natürlich, die Befreiung meines Vaters ausgewirkt haben wird. Ich zweifle keinen Augenblick an dem glücklichen Gelingen unserer List.

Ihr, Kinder, nehmt dem Herrn da den Knebel aus
den Zähnen und tretet ab; ich bin mit Euch zufrieden."

Die Athleten gehorchten, während Serpentina
dem Ruffiano, der unter Vertilgung einer Menge
Cigaretten der ganzen Scene, als Liebhaber gleichsam,
beigewohnt hatte, zuflüsterte:

„Amico mio, es ist nahe an Mitternacht; in
einer Stunde kann der Gefangene in dem kleinen Logis
der Strabone sicher verborgen sein, in zwei Stunden
bist Du hier zurück mit dem Befehle, besonders ver=
giß nicht den Befehl, er ist unsere Waffe gegen den
Feind. Geh! die Sänfte und die Träger sind bereit
unten am geheimen Pförtlein! Glück auf!"

Der schweigsame Mime verließ das Boudoir.

„Nun, schwatzen wir ein Bischen," rief das junge
Weib sich nachlässig auf die Ottomane hinwerfend.
„Befehlt Ihr eine Erfrischung, Signor, ein Glas
Muscatwein, einen Sorbetto oder vielleicht einen ganz
frischen Sambuco? Das kühlt, das macht nüchtern, wenn
man bös geträumt hat!"

Der Commissär beobachtete ein finsteres Schweigen.

„Ich wette," fuhr die Tochter Camponero's fort,
„meinen und Euren Antheil am Paradiese, daß Ihr in
diesem Augenblicke an zwei Dinge denket: primo, an

11*

Eure Rache an der kleinen Serpentina, secundo, an
die Art und Weise, wie morgen Manifcalco den
Streich aufnehmen wird, den wir ihm heute Nacht zu
fpielen genöthigt find. Auf den Punkt primo kann
ich nur Eines antworten, daß heute diefe Villa mit
Allem, was drinnen fteht und liegt, fchon verkauft ift
und morgen von mir verlaffen fein wird. Daß Eure
Polizeihunde meine Spur nicht auffuchen werden, da=
von bin ich um fo mehr überzeugt, als Gaëtano das
Falfum wieder zurückbringen wird und ich Euch
beim Haupte meiner Mutter fchwöre, hört Ihr, daß
beim erften Verfuche, mich oder den Signor Palma
zu beunruhigen, dies fatale Schriftftück ganz unfehl=
bar in die Hände Manifcalcos gelangen würde. Ich
überlaffe Euch, über die Folgen Eurer Fälfchung unter
folchen Umftänden, Euren Reflexionen und heilfamen
Vernunftfchlüffen. Was den Punkt secundo betrifft,
fo glaube ich Euch folgenden Plan vorlegen zu kön=
nen," — — die Sprecherin hielt einen Augenblick
inne. Aber Chemici machte eine Bewegung, um fie
zum Fortfahren einzuladen.

„Nun denn — diefer Plan ift ganz einfach," begann
die Tochter Camponeros wieder. „Sobald Gaëtano zu=
rück ift, feid Ihr frei. Morgen frühe begebt Ihr Euch nach

dem Vicariatogefängniß und erkundigt Euch nach dem
Gefangenen: Fantasio Camponero; natürlich wird Euch
geantwortet werden, daß Ihr selbst einen eigenhändig
vom Generaldirector unterzeichneten Befehl diese Nacht
erst vorgezeigt habt, diesen Mann allsogleich auf freien
Fuß zu setzen. Der Inspector, der Kerkermeister und
das ganze ehrenwerthe Personal von Marterknechten
werden Euch vollkommen stumpfsinnig anstarren, in
der Ueberzeugung, daß der gefürchtete Chemici, der
rechte Arm Manifcalcos, den Verstand verloren habe.
— Ihr laßt Euch nicht beirren, schimpft, tobt, schreit,
poltert und droht den Kerlen mit allen Höllenstrafen.
Sie betheuern hoch und theuer, daß Ihr es gewesen
seid und kein Anderer, dessen nächtlicher Besuch an
der Befreiung des kostbaren Gefangenen Schuld sei.
„„Da muß ein schlauer Betrüger die Handschrift des
Directors nachgeahmt und meine Person gefälscht
haben,"" ruft Ihr, Euch vor die Stirne schlagend,
plötzlich aus, und fahrt ab, nachdem Ihr die Beam=
ten mit furchtbarem Blicke niedergeschmettert. Nach=
dem Ihr Euch darauf allsogleich zu Manifcalco selbst
verfügt, erzählt Ihr ihm Euren Besuch im Gefäng=
nisse und den ganzen geheimnißvollen Vorfall. Der Poli=
zeichef wird außer sich sein, bedauernd nach seiner Ge=

wohnheit, daß die ganze Welt nicht ein großes Gefängniß sei, aus dem Niemand das Recht habe, aus-
zubrechen, und die Sache wird .... nach und nach
vergessen werden, sonst," schloß die schöne Frau mit
einem bösen Lächeln, „wird der Herr Generaldirector
eines Tages für gewisse Personen sehr unangenehme
Aufklärungen über das mysteriöse Entkommen Fantasio
Camponero's, des Ultramazzinisten von der allerhöchsten Staatsgefährlichkeit, wie Ihr Euch auszu-
drücken beliebtet, zu Gesichte bekommen, und dann haben wir einige Ursache zu glauben, daß die Lage eines
gewissen Ultrapolizisten von der allerhöchsten Staats-
unentbehrlichkeit keine rosenfarb'ne genannt zu werden
verdient. Wie meint Ihr, Don Chemici?"

Der frühere Banditencapitain antwortete mit
einem hartnäckigen Schweigen. — —

Eine Stunde später trat Gaëtano Palma wieder
in das Boudoir. Er hatte sein wirkliches Gesicht
wieder angenommen.

„Seht hin, Capitano," lachte Serpentina, „Niemand fühlt sich lange wohl in Eurer Haut; Ihr thätet gut,
Euch einmal eine andere, ehrlichere anzuschaffen."

„In Sicherheit!" flüsterte der Ruffiano dem
jungen Weibe in's Ohr.

Ein triumphirendes Lächeln flog über ihre schönen Züge. „Signor Chemici,“ sprach sie dann mit
einer graziösen Bewegung, „die Komödie ist ausgespielt, die Schauspieler können sich zur Ruhe begeben,
Fantasio Camponero ist frei!“

Die Stehglocke ertönte wieder, die maskirten
Männer erschienen. „Bindet die Beine des Herrn
da los, er wird wohl schon etwas müde sein . . . .“
befahl Serpentina. „Ihr seid frei, Signor,“ wandte
sie sich an den Losgebundenen, der seine erstarrten Glieder schüttelte.

„Donna Serpentina, auf Wiederseh'n!“ sprach
langsam, mit einem Tigerlächeln, der Capitano und
entfernte sich, geführt von den beiden Athleten.

„Gute Nacht, amico!“ rief Serpentina, und ein
Papier schüttelnd, fügte sie hinzu:

„Vergesset dies Blatt hier nicht, he!“

Und zu Gaëtano gewendet, sprach sie ihm die
Hand reichend, die dieser mit Küssen bedeckte:

„Gaëtano, wie soll ich Dir's danken, mein bester
Freund! Du hast meinem Vater das Leben gerettet!“

„Du lächelst mir, das ist mein Dank,“ antwortete der Mime einfach. —

Sie saßen Beide und der Ruffiano erzählte.

Die Marchesina lauschte und ihr schauerte in der Tiefe des Busens. Von furchtbaren Kerkerverließen, von centnerschweren Ketten, von grausamer Folter berichtete der Mime, der den Vater Serpentina's mit einem eisernen Halsring an die Kerkermauern angeschmiedet gefunden hatte.

„Die Ungeheuer!" flüsterte die Tochter Camponero's mit thränenerstickter Stimme, das Antlitz mit den Händen bedeckend. — —

Morgen ist's. Die Wasserverkäufer lassen ihren langgezogenen Ruf über die noch einsame Marina hinirren . . . . die Villa am Griechenthor ist öde und verlassen.

Dreizehntes Capitel.

Cain und sein Kind.

Um die frühe Morgenstunde hielt ein elegantes Coupé an dem Säulenportal des Vicariatogefängnisses. Die Wachen präsentirten und ein Herr stieg aus in blauer Uniform mit goldverbrämtem Kragen, bleich, schwankend, sichtlich leidend. Es war Ludovico Che=

mici, Generalinspector der Gefängnisse für die Inten-
danz: „Palermo".

Seine erste Frage an den diensteifrig herbeieilen-
den Inspector war nach dem Gefangenen: Fantasio
Camponero.

„Camponero,"wiederholte der Subalterne, „Nr.313,
im letzten Gang der Souterrains Nr. 2? Ist heute
Nacht in Freiheit gesetzt worden."

„Unmöglich!"

„Belieben der Herr Generalinspector sich durch
sofortige Einsicht in die „registri" von der Wahrheit meiner Behauptung zu überzeugen!" versetzte mit
einem Katzenbuckel der Beamte.

Der Capitano trat mit dem Subalternen in das
Bureau ein. Das große, traurig umfangreiche Gefan-
genenregister ward nachgeschlagen und der Inspector
zeigte dem Vorgesetzten die Stelle: „Nr. 313, Fantasio Camponero, in Freiheit gesetzt um halb ein Uhr,
Morgens den 4. April 1860. Auf ausdrücklichen,
eigenhändigen Befehl seiner Excellenz des Herrn Generalpolizeidirectors für Sicilien, Giuseppe Maniscalco. Unschuldig!"

„War je ein Gefangener unschuldig?" platzte der
Generalinspector grimmig heraus.

„Bei mir gewiß nicht, Herr Obercommissär," be= eilte sich der Beamte zu versichern, „ich würde, ginge es nach mir, nie einem Verhafteten Schloß und Rie= gel öffnen, per Dio, wozu sind die Gefangenen, als für die Gefängnisse?"

„Ruft den Oberinspector!" befahl Chemici.

Der Oberinspector, den man in aller Eile aus den Federn geholt hatte, erschien mit bestürzten Mie= nen ohne Cravatte, ohne Seitengewehr, unfrisirt, mit halbzugeknöpftem Uniformrocke.

„Signor Malutti!" schrie, auf das Register schla= gend, Chemici mit furchtbarer Stimme, „was bedeutet diese Stelle hier?"

Der Beamte näherte sich mit einigen geschmeidi= gen Rückgratwindungen, warf einen Blick auf die be= zeichnete Stelle und schnellte allsogleich, wie von einer Triebfeder gefaßt, in die Höhe, einen Ausruf der Verwunderung ausstoßend.

„Der Herr Generalinspector fragen, was diese Glosse hier sagen will? Ich erlaube mir mit allem schuldigen Respecte zu bemerken, daß der Herr Gene= ralinspector es wohl besser wissen dürften, als sonst Jemand auf der Welt."

„Ihr faselt, Herr Oberinspector," polterte Chemici.

„Erlaube mir zu erinnern, daß ich Solches mich nicht unterfangen würde," versetzte gelassen der Angefahrne.

„Was wollt Ihr dann sagen, erklärt Euch!"

„Werde mir erlauben, in allem schuldigen Respecte zu erklären, daß der Herr Generalinspector selbst in eigener Person es gewesen sind, der diese Nacht, zehn Minuten nach Mitternacht, einen von seiner Excellenz eigenhändig geschriebenen und unterzeichneten Befehl, den Signor Fantasio Camponero ohne Aufschub auf freien Fuß zu setzen, eigenhändig hier an dieser Stelle vorgezeigt haben, auf welches amtliche Document hin ich mit Widerstreben und dem tiefsten Bedauern in die Nothwendigkeit versetzt ward, besagte Nr. 313 aus ihrer Haft zu entlassen, wo selbe sich eben ganz gemächlich von den Strapazen des gestrigen etwas angreifenden Verhöres auszuruhen im Begriffe war."

Chemici, der den Sprecher mit allen Zeichen der höchsten Ungeduld angehört hatte, fuhr jetzt wüthend heraus:

„Bei allen Teufeln, entweder Ihr, Signor Malutti, oder ich, Einer von uns hat den Verstand verloren; was schwatzt Ihr mir da für alberne Faseleien

von Befehl, eigenhändig und Gegenwart meiner Per=
son hier in diesem Büreau zehn Minuten nach Mit=
ternacht? Ihr habt zu viel Marsalawein getrunken und
noch nicht ausgeschlafen, Signor, das ist die ganze
Sache!"

Der Beamte betastete sich den ganzen Körper
mit einer stumpfsinnigen Miene.

„Hätte ich wirklich geträumt, oder hätte mir der
Teufel diesen Streich gespielt?"

„Nicht der Teufel," höhnte der Vorgesetzte, „aber
der Marsala."

„Unmöglich!" rief der unglückliche Oberinspector
in Verzweiflung. „Laßt augenblicklich Bruno, den Ker=
kermeister, herbeikommen, er hat die Nr. 313. her=
ausgeführt und ihr in eine am Portal wartende
Sänfte hineingeholfen, ja so ist's, eine Täuschung ist
unmöglich!"

Man lief nach Bruno, dem berüchtigten Kerker=
meister. Man fand ihn in seiner Zelle in einem gro=
ßen Lehnstuhl sitzend und mit einem verklärten Lächeln
sich an den Zuckungen einer mit dem Tode ringenden
Fledermaus, welche er auf der Tischplatte gekreuzigt
hatte, ergötzend.

Einige Augenblicke später zeigte dieser Verwor=

senste aller Henkersknechte Maniscalcos seine von der
Weinrose blühende Fratze an der Thüre des Büreaus.
Hämisch grinsend und mit seinem einzigen, glanzlosen
Auge die Gesellschaft musternd, mußte er lebhaft an
eine der berühmten Marmorkarrikaturen erinnern, welche
der Leser vielleicht in der Villa Palagonia zu bewun=
dern Gelegenheit gehabt hat.

„He, Bruno!" rief der Oberinspector, „stattet
dem gestrengen Herrn Generalinspector einen detaillir=
ten Bericht über die Vorgänge dieser Nacht und die
Freilassung der Nr. 313. ab!"

Der Kerkermeister erzählte Alles auf den Vorfall
der verflossenen Nacht Bezügliche mit großer Weit=
schweifigkeit und fügte zum Schluß unter Seufzen und
Augenblinzeln hinzu:

„Ja, er ist mir entrissen worden! Ein so kost=
bares Subject, das uns noch so manche Kurzweil ge=
liefert hätte, uns armen Leuten in diesem düstern Ge=
fängnisse, wo man ohnedem seines Lebens nicht froh
werden kann. Der Herr Generalinspector hätten uns
diesen Gefangenen nicht so bald entführen sollen, wir
trauern Alle um ihn."

„Der Herr Generalinspector haben sich überzeugt,
daß Niemand hier geträumt hat in Betreff der Vor=

gänge von heute Nacht," bemerkte, nachdem Bruno geendet, der Oberinspector triumphirend.

„Seltsam!" rief Chemici mit erheuchseltem Erstaunen. „Doch Alles dies muß sich aufklären; es wäre nicht unmöglich, daß derselbe freche Betrüger, der schon die Person eines Kapuzinerpaters in der Matrice so geschickt nachgeahmt, auch Unsere Person zu fälschen, sowie die Handschrift Sr. Excellenz nachzuahmen die verbrecherische Kühnheit gehabt hätte, um den Gefangenen in Freiheit zu setzen. Meine Herren, zehnfache Vorsicht ist von Nöthen in einer so traurigen Zeit, wo mysteriöse Betrüger sich nicht entblöden, die hochachtbaren Sicherheitsorgane der väterlichsten aller Regierungen an der Nase herumzuführen. Ich eile im Augenblicke selbst zu Seiner Excellenz, um über den leidigen Vorfall zu berichten, der im Uebrigen in das strengste Geheimniß zu hüllen ist."

Nach diesem denkwürdigen Spruch trat Ludovico Chemici, begleitet von einer Menge gekrümmter Rücken, von der Scene ab, wo er seine Rolle mit großer Meisterschaft gespielt hatte.

Kaum war er in die Toledostraße eingebogen, als die Alarmkanone des Castellamare die Luft erschütterte. Zersprengte Haufen Volkes flohen durch

die Straße. Aus der Gegend, wo das große Ganciakloster liegt, prasselte ein lebhaftes Gewehrfeuer herüber und die vom Volke so gefürchteten „Schwarzröcke"
rasselten mit ihren Batterieen nach der Piazza ottangolosa hin, daß das Marmorpflaster erdröhnte.

Jetzt donnerte das Kommandowort der Offiziere;
eine Cavalleriecharge brach aus einer Seitenstraße.
General Salzano erschien an der Spitze der Truppen.
Plötzlich brach eine geordnete Masse Freischärler mit
furchtbarem Geheul aus der Gasse, die zum Ferdi-
nandotheater führt, der Linientruppe in den Rücken;
ein lebhafter Kampf entspann sich; eine Kugel durch-
bohrte das Coupé, worin sich der Obercommissär befand; dichte Schaaren Volkes umdrängten den Polizeimann, dem es immer unbehaglicher zu Muthe
wurde; man wußte nicht, was geschehen konnte, wenn
er erkannt wurde; blutige Akte von grausamer Volks-
justiz sind in Tagen der Volkserbitterung gar häufig
vorgekommen. . . . . . Jetzt wichen die Haufen zurück,
ein Offizier trat an den Wagenschlag; der Obercommissär gab sich zu erkennen und verließ den Wagen
unter lautem Murren der Menge, auf welche die
Uniform des Polizisten durchaus keinen friedli-
chen Eindruck machte. Während eine Stunde später

die Freischärler = Truppen, nach der Porta Felice
zurückgeworfen, sich in der Nähe der Kalsa verschanz=
ten, hatten die Blauröcke zwei vergebliche Angriffe auf
die große Barrikade am Eingange der Toledoftraße
unternommen. Erst nachdem die Artillerie angekom=
men und ihr grobkörniges Spiel begonnen, wichen die
Picciotti fechtend in den Rayon des Franziskanerklo=
fters Gancia zurück, das in ein förmliches Fort um=
gewandelt war. Hier gab's einen harten Strauß.
Indessen waren zahlreiche Zuzüge von Monreale und
Pertenico so glücklich gewesen, die Porta Carini zu
forciren und einen Angriff der Cavallerie auf die
Barrikade der „langen Straße“ zurückzuschlagen. Die=
ser vereinzelte Vortheil konnte jedoch nicht verhindern,
daß das Ganciaklofter nach siebenstündigem, blutigen
Kampfe mit Sturm von den Neapolitanern genom=
men und, wie alle Häuser ringsum, aus denen Picciotti
dem Feinde große Verlufte beigebracht hatten, rein aus=
geplündert und den Flammen preisgegeben wurde.
Während hier die Soldateska in der zügellofesten
Weise hauste, brach eine vortheilhaft postirte Batterie
an der Ecke des Senatspalaftes den letzten Widerstand
des Volkes in der Macqueda. Es war fünf Uhr
Nachmittags, der Kampf hatte volle neun Stunden

gebauert und die zersprengten Banden waren theils
entwaffnet, theils war es ihnen gelungen, sich nach
der Straße von „Trapani" durchzuschlagen, nur schwach
von den Königlichen verfolgt, welche mit dem Einbruch
der Dunkelheit in die Stadt zurückkehrten. Unter den
Flüchtlingen befand sich Antonio Maratta, der den
ganzen Tag beim Ganciakloster mit einer seltenen To-
desverachtung gefochten hatte. Noch einmal war das
mit Verzweiflung kämpfende Volk den wuchtigen Schlä-
gen, den wohlvorbereiteten und geübten Truppen des
jungen Königs erlegen, aber zum letzten Male . . . .
endlich sollten die Ketten entzwei brechen! — —

Einige Stunden später führen wir den Leser
durch das Terminithor in ein einsam gelegenes Haus
auf der Strabone.

In einem spärlich erleuchteten Gemache, dessen
Einrichtung den unzweideutigen Charakter des abge-
blaßten Luxus eines „Hotel garni" trägt, lehnt auf
einem Ruhebette ein Mann, bleich, erschöpft. Es ist
Fantasio Camponero. Düster brütete er vor sich hin.
Wer mochte ihn den Krallen Maniscalco's entrissen
haben? Waren's doch mehr denn zwanzig Jahre,
daß sein Fuß die Insel nicht mehr betreten, Jahre
des bewegtesten Wellenschlags auf dem Lebensmeere,

vieldurchlebte Jahre, die lebenskräftig auf dem Schutt einer düstern Vergangenheit herangewuchert!! Seit dieser langen Zeit war die Vergangenheit so oft drohend an ihn herangerückt und seit den wenigen Stunden seines Aufenthaltes in diesem Hause hatte sie, so zu sagen, Fleisch und Blut angenommen, in der Person eines Weibes .... seines Weibes .... Beatricen's ....

Eine Thür öffnete sich geräuschlos, eine verschleierte Frauengestalt hereinlassend. Leise glitt sie zum Ruhebett hin, ihre Hand sanft auf die Schulter des Träumenden legend.

Camponero fuhr in die Höhe, drehte sich um und stierte die Unbekannte mit irrsinnigem Auge an. „Wer bist Du?" fragte er dann mit unsicherer Stimme.

Die Dame schlug schweigend den Schleier zurück.

„Beatrice!" kreischte der Emissär mit einem Schrei des Entsetzens, auf das Ruhebett wie vom Blitze getroffen zurückfallend.

„Beatrice Camponero, Deine Tochter," sprach eine tiefe Stimme langsam und Serpentina kniete zu Häupten ihres Vaters nieder.

„Meine Tochter!" murmelte der Mazzinist wie im Traume.

„Sieh mich an, mein Vater," flüsterte das junge

Weib und — in ihren Busen greifend — „hier dies
Madonnenbild aus blauer Emaille gab mir meine Mut=
ter. . . . . Erkennst Du es?"

„Zurück, zurück!" schrie Camponero, „zurück, Du
Trugbild der Hölle, was kommst Du, mich zu foltern?"

Serpentina betrachtet mit Entsetzen die bleichen,
irrsinnigen Züge ihres Vaters; furchtbar dämmert's
in ihrem Gehirne: Hat die Folter seine Geisteskraft
erschüttert?!

Und sie umschlang ihn mit inniger Zärtlichkeit.
Der Emissär schleuderte sie schaudernd von sich, als
wäre ihre Umarmung Pesthauch, ihre Berührung
Schlangenbiß.

Außer sich vor Schmerz, taumelte die Unglück=
liche in's Knie, in einen Thränenstrom ausbrechend.

„O mein Vater!" schluchzte sie krampfhaft,
„warum dieser furchtbare Haß?"

Der Mazzinist stieß ein satanisches Gelächter aus:

„Haß, sagst Du?! Du bist Beatrice Camponero,
die Meineidige, die mein Herz in tausend Stücke zer=
rissen, die Schlange, die mein Leben vergiftet! Zu=
rück, sag' ich, wahnwitziges Weib! Was soll mir
Deine dämonische Schönheit? Ich bin frei, frei von
Deinem Zauber, Du wirst mich nicht mehr bethören!"

Der Emissär sank erschöpft auf die Kissen zurück.

Serpentina fühlte es Nacht werden in ihrem Geiste; von einer unseligen Aehnlichkeit getäuscht, hielt ihr Vater im Fieberwahn die Tochter, die ihm das Leben gerettet, für die Mutter, die — aus seinen Worten tagte es furchtbar — ihm das Herz gebrochen hatte.

Plötzlich jedoch schien eine Reaction in dem Geiste des Emissärs vor sich zu gehen, seine Züge beruhig= ten sich, sein Auge verlor den stieren Ausdruck, und sich erhebend sprach er mit schwärmerischer Weichheit:

„Es war ein Wundergnabenbild, in einen golbi= gen Nebel gehüllt, das mich mit seinen Armen liebend umschlungen hielt; es war ein Lieben, eine Welt voll Sonne und Entzücken; dann mit einem Male lag ich allein auf öbem, nacktem Fels, ein endlos Meer vor mir, den ewigen Geier in der Brust! O Beatrice!"

„Mein Vater!" begann mit fiebernden Worten Serpentina; „Du bist frei, Deiner Tochter ist es ge= lungen, Deine Freiheit zu erlangen. Fort, fort aus diesem Lande, fliehen wir weit über's Meer, die Erde glüht unter meinen Füßen, ich bin reich, ungeheuer reich, wir können glücklich und in Frieden leben, fern von hier, wo's so viel Schmach und Elend giebt.

Alles, Alles hab' ich verkauft, bis auf den letzten Diamanten; mich brannten an den Fingern die glänzenden Steine, mich erdroſſelte das Geſchmeide am Halſe, mich umnachtete das Stirnendiadem! Fort von hier, mein Vater, fliehen wir!!"

Serpentina hatte ſich erhoben, die Hand Camponero's krampfhaft erfaſſend.

Dieſer ſprach langſam, wie aus einem Traume erwachend, ſein Auge tiefforſchend auf das Antlitz ſeiner Tochter gerichtet:

„Du haſt Diamanten, Du biſt reich?!"

Serpentina ſchwieg plötzlich betroffen ob dieſer einfachen Frage.

„Wer iſt Dein Gemahl?" fragte der Emiſſär mit demſelben ſtieren Forſcherblicke.

Neues Schweigen. Eine peinliche Pauſe trat ein. Serpentina ſtand unbeweglich, die Stirne geſenkt.

„Du antworteſt nicht?" fuhr Camponero mit entſetzlicher Monotonie fort.

Das junge Weib bedeckte ihr bleiches Antlitz mit den Händen.

„Weib, wer biſt Du?" brach endlich der Emiſſär los.

„Mein Vater," liſpelte Beatrice, die Hände Camponero's mit ihren Thränen benetzend.

Dieser richtete sich hoch empor, ein vernichtendes Lächeln zuckte über seine Züge.

„Was soll mir Dein Gold, was sollen mir Deine funkelnden Steine, was sollen mir Deine Thränen? Kannst Du," fügte er, die Stirne seiner Tochter rauh berührend, „kannst Du dies Mal hier, dies Brandmal der Sünde hinwegwaschen? Du hast mich aus der Kerkernacht gezogen, um mit mir das Gold der Schande zu theilen, das Brod der Schmach zu essen? Zurück, Weib, unsere Wege theilen sich!"

„O mein Vater!" rief die junge Frau mit herzzerreißendem Tone, „was brauchen wir dies Judasgold? Mögen die Armen Alles zurücknehmen, was ich den Reichen genommen! Laß mich mit nackten Füßen, bettelnd Deine Spur verfolgen und mein ganzes Leben Deinem Dienste weihen. O, wenn Du wüßtest, wie bis in die tiefste Seele ich dieses Lebens müde bin, wie mein Herz nach einer Pflicht sich sehnt, Du stießest mich nicht so hart zurück!"

„Was soll mir die nackte Bettlerin mit der nackten Schmach in meinem Leben, das dem Vaterlande geweiht?" fragte Camponero mit schneidender Härte.

„O Vater, Du bist unerbittlich," schluchzte die Niedergebeugte.

„So mußt' es sein!" sprach langsam der Emissär. „Die Mutter Ehebrecherin, die Tochter ein verlornes...."

„Halt ein!" unterbrach Serpentina, sich drohend emporrichtend. „Nicht weiter! Du klagst mich an, während ich Dich anklagen könnte, während Du zu meinen Füßen liegen solltest! Laß mich sprechen! Ich will sprechen, so laut, daß Dein Gewissen meine Stimme hören soll. Ja, Du hast Recht, ich bin verloren. Gott schuf meinen Leib schön und sinnen=reizend, ich hab' ihn verkauft. Was willst Du? Ich gab den ersten Kuß wahnbethört, ich gab den zweiten Kuß für Brod, um zu leben, weil ich leben wollte; und ich hab' gelebt, bei meiner Seele! Du aber, der Du mein Urtheil sprichst, warst Du es nicht, der das zarte Kind hülflos von sich stieß, um seinem Drange in's Weltgetriebe frei und ungestört zu folgen? Was war ich Dir? Ein Nichts für Dein Herz, ein Hinderniß für Deine Pläne! Da wirft von Neuem mich das Schicksal auf Deinen Pfad und all' Deine Herzlosigkeit vergilt die Verstoßene mit einer Wohlthat, sie rettet Dir das Leben! Sag' mir, lohnen so die Männer, die sich dem Vaterlande weih'n? Ist Alles todt in ihrer Brust, was die Na=tur hineingelegt? O armes Vaterland, das solche Schwärmer hat!"

Ein bitteres Lachen verzerrte die düstern Züge
des Mazziniſten.

„Du haſt geſprochen," ſprach er nach einer Pauſe
mit eiskaltem Hohne, „ich habe gehört; nun werde ich
ſprechen und Du wirſt hören. . . . . Ja, Du haſt
Recht, ich bin ſchuldig, ich habe Dich von mir geſto=
ßen und ſtoße Dich heute von mir. Da drinnen iſt's
ſtumm, öde, ausgebrannt; ein Bischen Aſche, darun=
ter glimmt ein Gewiſſensbiß fort, das iſt mein
Herz . . . . ſo iſt's ſeit vielen Jahren. . . . . Ja,
ſchuldig bin ich, aber Deine Mutter war die erſte
Schuldige. . . . . Was biſt Du mir, Weib? Geh'
hin und ſage Deiner Mutter, ſie ſoll den Grafen von
Montina fragen! Zurück, ſag' ich, Du biſt nicht Cam=
ponero's Kind und an dieſer Hand klebt Deiner Mut=
ter Blut." . . . .

Ein erſtickter Schrei, und Serpentina brach ohn=
mächtig zuſammen. . . . . .

Einen Augenblick betrachtete der Emiſſär die Lie=
gende mit kaltem Blicke; keine Fiber zuckte in ſeinem
ehernen Antlitze; dann raffte er alle ſeine Kraft zu=
ſammen und verließ das einſame Haus in der Stra=
bone. — —

Stunden waren dahin; auf dem Ruhebette, das

Camponero verlassen, saß Serpentina mutterseelen allein.

„Ich bin müde, bis zum Tode müde!" flüsterte sie kaum hörbar; dann plötzlich flammt's in ihrem Auge auf . . . . und ihren krampfhaft geschlossenen Lippen entschlüpft ein Name: „Gelsomina!"

Vierzehntes Capitel.

Angelegte Minen.

Ende April. Dumpfe, schwüle Stille, die stets großen politischen Umwälzungen vorangeht, herrscht in Palermo. Die Gewaltherrschaft des bourbonischen Regime's scheint von Neuem befestigt, als wäre das Blut des niedergeworfenen Volkes ein stets frischer Cement zur Festkittung der wankenden Zwingburgen des Despotismus.

Unsere Freunde von der königlichen Polizei haben alle Hände voll zu thun, nichts als Arretirungen, Voruntersuchungen, Inquisitionsprozesse, peinliche Verhöre, Aburtheilungen und dergleichen erquickliche Operationen, wo für jeden armen Teufel von Inquisiten eine ganze

Legion von blutlechzenden Inquirenten sich erhebt. Häscher, Richter, Henker bilden eine furchtbar unheim= liche Dreieinigkeit, der täglich neue Opfer gebracht werden.

Menschenfreunde erfinden neue, zweckdienlich aus= gestattete Marterwerkzeuge, Pontillo bringt den rasir= klingengepolsterten Ruhesessel in die Mode und der Herr Generalpolizeidirector selbst macht sich durch die Erfindung der allerliebsten Daumenschraube, die den Namen des „angelischen“ Instrumentes erhält, un= sterblich. —

Der allmächtige Polizeichef macht von Kerker zu Kerker die Runde, bezeichnet die Opfer, annotirt und randglossirt die Namen in den Gefangenenlisten, ordnet hier Strafverschärfungen, dort Spezialbehandlungen an, verschreibt Hunger= und Durstkuren und macht hie und da ein kleines, schwarzes Kreuz auf den Prozeß= aktenstoß eines besonders Empfohlenen! . . . Ein un= heimliches Anagramm . . . ein Todesurtheil! Im Uebrigen eine ganz besondere Auszeichnung, welche Seine Excellenz „das Ritterkreuz des Erlöserordens“ scherzweise zu benennen geruhte, und dies mit Recht, denn der Decorirte war bald von allem irdischen Jammer erlöst! . . .

Keine Grellmalerei, mit Verlaub! Wir haben

an Ort und Stelle die betreffenden Dokumente selbst
gelesen. Unsere Hand hat dies fluchwürdige Blatt aus
dem Buche der Könige mit Schauder in den Verließen
zu Monreale berührt . . . entsetzlich viel Blut klebt
an diesem Blatte! . . .

Chemici war zum Tiger geworden . . . „Blut!"
war sein einziger Gedanke. Camponero entwischt, la
Marchesina verschwunden! Diese zwei Gedanken stei=
gerten die Wuth des gewesenen Banditenchefs von
Belmonte bis zum Paroxismus. Viele Unschuldige
mußten für seine Ohnmacht, sich zu rächen, schreck=
lich büßen.

Eines Abends, o Erstaunen! erhielt der Ober=
commissär ein Billet, mit der symbolischen Schlange
gesiegelt. Eine wohlbekannte Hand schrieb:

„Wenn Ludovico Chemici zu der schönen Signora
Maniscalco noch jene glühende Leidenschaft fühlt,
welche seiner wahren Freunde aufrichtiges Mitleid so
oft erregte, so möge er sich morgen Abend um die
siebente Stunde in das kleine, zerfallene Haus Nr. 111
in der Strabone begeben, dessen Balcon mit zwei
Urnen aus schwarzem Marmor geziert ist. Alles ist
vorbereitet, daß ihm der so lange begehrte Gegenstand
seiner Liebe in die Hände geliefert werden muß.

Eine Freundin oder — Feindin, nach Wunsch."

Das Auge des Wütherichs flammte auf! Ein
Hinterhalt!? Er lächelte verächtlich, es gab Vorsichtsmaßregeln für Bittergewitzigte!

„Sie liefert sich selbst; ah, Signora Camponero,
unsere Rechnung von der Nacht des 3. April soll aus-
geglichen werden!" — —

Während Chemici seinen Racheplan schmiedete,
waren Gelsomina beinahe um dieselbe Stunde folgende
Zeilen aus unbekannter Hand zugekommen:

„Signora Maniscalco hat sich durch ihre Tu-
genden und unerschöpfliche Mildthätigkeit so viele
Freunde und Verehrer erworben, daß es sie nicht be-
fremden kann, wenn eine Person, welche ihren Wohl-
thaten ihr ganzes Lebensglück verdankt, den aufrichtigen
Wunsch hegt, ihrer edlen Gönnerin ein Geheimniß zu
enthüllen, auf welche Weise ein Jugendfreund der
Signora aus dem Kerker di Vicariato sogleich befreit
werden kann. Um dies Geheimniß zu erfahren, wird
Signora Maniscalco gebeten, sich morgen Abend um
die siebente Stunde in das kleine, zerfallene Haus
Nr. 111 in der Strabone, dessen Balcon zwei schwarz-
marmorne Urnen zieren, zu begeben, da die betreffende
Person krank darnieder liegt und deshalb nicht selbst

ihre Wohlthäterin besuchen kann. Eine Stunde Ver=
spätung, und Alles wäre verloren!

Eine dankbare Verehrerin."

Konnte Gelsomina zögern? Seit dem Verrath
im Cubapavillon hatte sie den Geliebten nicht gesehen.
Ein grausames Schicksal wartete seiner im Vicariato,
ganz Palermo trauerte um ihn, und wie lebte das
Weib, das den jungen Mönch mit der ganzen Kraft
ihrer Seele liebte?

Sie lebte nicht, sie rang mit tausend Qualen, und
nun konnte sie hoffen! — —

Am Morgen desselben Tages hatte Don Magni=
fico, dessen Trübsale der Leser vielleicht noch nicht ver=
gessen hat, bei seinem späten Erwachen ein süßpar=
fümirtes Briefchen auf seinem Tische gefunden, dessen
Umschlag, Siegel und zartflüchtige Ueberschrift im Her=
zen des verliebten Edelmannes eine Fülle von rosen=
farbenen Hoffnungen wach riefen. Mit triumphirendem
Lächeln das Billet erbrechend, las er:

„Don Magnifico de Panatellas wird sich der
schändlichen Weise erinnern, womit er von dem Ober=
commissär Chemici nach seinem Unfall in dem „Vicolo
bei barbari" in Folge eines unseligen Irrthumes be=
handelt worden ist. Wir wissen als Ohrenzeuge, daß

besagter Signor Chemici sich auf die wegwerfendste
Art bezüglich dieses Vorfalles über die Person des
Don Mugnifico geäußert hat. Wenn Herr von Panatellas den Genuß der Rache und zwar der im weitesten Sinne befriedigten Rache kennen lernen will,
so möge er inliegendes versiegeltes Papier morgen
Abend um sieben Uhr, wo der Herr Generalpolizeidirector alltäglich Audienz ertheilt, Seiner Excellenz
persönlich übergeben. Die Folgen werden für den
Signor Chemici unverzüglich und niederschmetternd sein.

La Contessa C . . . . "

„Ah, Signor Chemici hat sich wegwerfend über
meine distinguirte Person geäußert, das fehlte noch!
Ob ich die Rache kosten will? Bis auf den letzten
Tropfen möchte ich diesen elenden Parvenu den Becher
der Schmach leeren sehen! Was mag in dem ver-
siegelten Packete sein, schade, daß es überall zugeklebt
ist, jammerschade!!"

Umsonst war alles Beschnüffeln; unter Tantalus-
qualen unbefriedigter Neugierde brachte der beunruhigte
Edelmann den ganzen Tag und die Nacht zu. — —

Am folgenden Tag gegen sechs Uhr Abends begeben
wir uns wieder in das Haus Nr. 111 in der Strabone.

Auf demselben Ruhebett, wo Fantasio Camponero

die Geständnisse seiner Tochter empfangen hatte, ruht
Beatrice jetzt in sichtbar leidendem Zustande. Zu ihren
Füßen kauert Gaëtano Palma eingeschlummert.

Mit Mühe erkennen wir in dem abgemagerten,
hohläugigen Antlitze Beatrice's die feinen, geistig be-
lebten Züge der brillanten, liebetollen Marchesina; eine
ungeheure Veränderung ist mit den entzückenden Formen
dieses einst so schönen Körpers vorgegangen, die frisch-
sinnliche Kraft des Fleisches scheint verdorrt, lose und
schlaff kleben die Kleider an den ausgemagerten Gliedern.

Drei Wochen hat Serpentina mit dem bösen
Fieber gerungen. Keinen Augenblick hatte der Ruffiano
das junge Weib verlassen, Tag und Nacht war sein
Auge wach geblieben, jedem Pulsschlag der Geliebten
lauschend, voll Begierde auf ein Lächeln lauernd. Seit
gestern Morgen, nachdem sie die drei Briefe geschrieben,
befand sie sich etwas besser. Sie betrachtet den zu
ihren Füßen Schlafenden mit einem mitleidigen Blicke
und über ihre bleichen Lippen irrt ein schmerzliches
Lächeln.

Jetzt glitt die Thüre leise zurück und Zita, die
Negerin Gaëtano's, welche das Paar seit dem Aufent-
halt in diesem Hause allein bedient, erschien. Die
Tochter Camponero's machte der Schwarzen ein Zeichen;

diese näherte sich geräuschlos und zog ein Fläschchen aus dem Busen, welches sie der jungen Frau einhändigte. „Zita,“ lispelte diese, sich sanft vom Ruhebett erhebend, „bringst Du, um was ich Dich gebeten?“

Die Afrikanerin nickte stumm.

„Hast Du es selbst zubereitet?“

Die Dienerin bejahte von Neuem.

„Gut, Zita, wenn Du mich täuschest, so bekommst Du die goldgelben Dinger nicht, die ich in einem geheimen Kästchen verwahre, Du weißt?“ flüsterte Serpentina, der Negerin scharf in die schwarzen Augen schauend, die vor Begierde im Halbdunkel des Gemaches funkelten.

Zita verneinte energisch.

„Bedenke, Kind,“ fuhr Beatrice Camponero fort, „daß es tausend wunderschöne Goldstücke sind . . . Du wirst reich, furchtbar reich sein und kannst dann Deinen Liebsten heirathen, Poverina!“

Die Schwarze zeigte still lächelnd ihre blendenden Zähne.

„Geh jetzt, mein Kind,“ schloß freundlich das junge Weib, „geh bis später und wache an der Thür; wir bekommen heute Besuch, den Du in das Nebenzimmer führen wirst.“

Die Negerin verschwand.

Serpentina versank in tiefes Träumen. . . . .
Stille im Gemache; nur die tiefen Athemzüge des Schlafenden waren vernehmbar.

Wie lange saß die Tochter Camponero's versunken
in ihre Träumereien? Welche Bilder flohen an ihrem
Geiste vorüber? Manchmal lächelte sie so ruhig, so
still vergnügt, als blühe eine Hoffnung in ihrer Seele
auf, und doch — —

Ein heller Glockenton schwirrte durch das Gemach . . . die Träumende fuhr wild auf, ergriff das
kleine Flacon Zita's und leerte es mit tiefen, gierigen
Zügen. . . .

„Ah," murmelte sie dann, sich hoch aufrichtend.
„Noch eine Stunde lebt Serpentina, wie sie nie gelebt!"

Der Schläfer machte eine heftige Bewegung und
schauerte zusammen.

„War's nicht die Klingel? He, Zita!" rief er,
sich aufraffend.

Die Schwarze erschien mit einer brennenden Kerze.

„Serpentina," rief der Mime, plötzlich geblendet,
„wo bist Du?"

„Hier," antwortete eine sanfte Stimme.

„Du hast Dich erhoben, wie fühlst Du Dich?"

„O beffer, viel beffer," antwortete das junge Weib, mit ihren Lippen die Stirne Gaëtano's berührend und ihm zuflüfternd: „Die Signora ift hier, in wenigen Augenbliden kommt Chemici; verbirg Dich, bis ich Dich rufe, es ift mein Wille fo!"

Mit diefen Worten verfchwand Serpentina durch die Thüre des Nebenzimmers.

„Sie fühlt fich beffer, das füße Kind," murmelte der Ruffiano lächelnd.

———

Fünfzehntes Capitel.

Die Kataftrophe.

Eine düfter flackernde Kerze erhellte das ärmliche Zimmer, wo Serpentina ihren Befuch empfing. Es war eine verfchleierte Dame, fchlank und von feinen Manieren. Sie fchlug den Schleier zurück und zeigte die wunderfchönen, fanften Züge Gelfomina's.

„Ich fehe mit der größten Freude, Signora," begann die Tochter Camponero's, „daß Ihr meine

Zeilen erhalten habt, und hoffe, es soll Euch nicht ge=
reuen, diesen Gang gemacht zu haben. Ihr erinnert
Euch nicht meiner?"

„In Eurer Stimme, Signora, klingen mir einige
bekannte Töne durch, sonst entsinne ich mich Eurer
Person nicht," erwiderte freundlich die junge Frau.

„Seltsam," fuhr die Andere fort, „und doch sind
es erst vier Jahre, daß wir uns zum letzten Mal gesehen."

„Vier Jahre?" murmelte Gelsomina erstaunt.

„So ist's," bekräftigte die Andere; „ich hätte Euch
sogleich wieder erkannt. Ihr habt Euch, scheint es, we=
niger verändert, als ich," fügte sie mit einem leisen
Seufzer hinzu.

„Wo war's doch, daß wir uns kannten?" fragte
die Gemahlin Maniscalco's mit sichtlicher Theilnahme.

„In der Villa Montina."

Die Tochter des Grafen Montina erbebte un=
willkürlich.

„Eure Züge sind ganz im Dunkeln," sprach sie,
von einer geheimen Ahnung erfaßt, „ich kann sie nicht
unterscheiden."

„Erlaubt!" rief jetzt die Tochter Camponero's,
die Kerze vor ihr Antlitz hinhaltend, daß in seiner
ganzen Marmorblässe grell und deutlich, wie ein von

innen beleuchteter Alabasterkopf, hervortrat. „Er=
kennst Du mich noch, Gelsomina?"

Diese stieß einen Schrei aus: „Beatrice!"

„Ja, Beatrice Camponero einst," sprach die junge
Frau mit dumpfer Stimme.

„Welch' Wiederseh'n, o Beatrice!" flüsterte die
Gemahlin Maniscalcos, mit Thränen in den Augen.

Serpentina strich sich das dunkle Haar aus der
feuchten Stirn und begann mit langsamer, tiefer
Stimme:

„Erinnerst Du Dich, als wir in der lianenum=
rankten Laube das Meisterwerk Manzonis lasen; er=
innerst Du Dich, als wir von der hochgelegenen Ter=
rasse die Segel am fernen Horizonte mit unsrer Sehn=
sucht begleiteten; denkst Du noch an die Tage, wo wir,
Korallenblüthen in den Haaren, den Marmorgöttern
des dunklen Parkes unsere Geheimnisse erzählten; er=
innerst Du Dich der Sommernächte, wenn wir die
Hände verschlungen vom Balcon dem Pulsschlag der
großen Stadt lauschten; erinnerst Du Dich jener Tage,
Gelsomina? Damals war ein ewigblühendes Ro=
salienfest unser junges Leben!"

Gelsomina hielt ihr Antlitz mit den Händen bedeckt.

„Da blühte die erste Liebe in unsern Herzen auf,"

fuhr Beatrice in derselben Weise fort, „und unsere
Sinne verwirrten sich, wir verstanden uns nicht mehr.
Wie konnt' es anders sein? Zwei Mädchen, die den=
selben Mann aus ganzer Seele lieben, müssen sich
bittre Feinde sein. Du warst die Glückliche, und Bea=
trice ward hinausgestoßen aus dem Paradies . . . und
was war ihre Sünde? Geliebt zu haben!" . . .

Einen Moment hielt die Sprecherin inne, tief
Athem schöpfend; dann fuhr sie voll Bitterkeit fort:

„Die verlassene Waise des längst verschollenen
Intendanten Camponero, die das Brod der Gnade
am gräflichen Tische aß, hatte freilich nicht das Recht,
zu dem Auserwählten der jungen Gräfin Montina
ihre Blicke zu erheben; aber das Bettelkind hatte das
Recht, die Nebenbuhlerin zu hassen, und fürwahr, ich
haßte Dich aus ganzer Seele, als Räuberin meines
Glückes!"

„Und ich," unterbrach hier Gelsomina, „ich liebte
Dich wie eine Schwester, obwohl Du meine Liebe von
Dir stießest!"

„Du liebtest mich!?" hohnlachte Beatrice. „Was
sollte mir Deine Schwesterliebe, die mir tausendmal
mehr stahl, als schenkte! Löscht sich der Liebe Durst
mit Schwesterküssen?"

„Konnt' ich's Don Ruggiero verwehren, mich zu lieben? Konnt' ich meines Herzens Stimme ersticken, weil ein feindlich Geschick uns Beiden dieselbe Liebe in die Brust gesenkt?" fragte Signora Maniscalco mit sanftem Vorwurf.

„Warum warf Dich das Schicksal auf meinen Weg?" fuhr Serpentina wild auf. „Warum zwangst Du mich das Haus zu fliehen, wo das verlassene Kind ein Asyl gefunden?"

„Ich zwang Dich, ich?" rief die junge Frau.

Beatrice stieß ein bittres Lachen aus. „Konnt' ich leben und Dich Ruggiero küssen sehen? Wie oft hab' ich Euch in der blauen Grotte belauscht, wie oft überkam's mich wie ein Wahnsinn, Eure Lippen zu vergiften, Euch zu tödten. . . . Deine Mutter, die mir früher wohl gewollt, ward immer kühler, liebloser gegen mich, denn sie ahnte meine Leidenschaft und fürchtete für das Liebesglück des heißgeliebten Kindes. . . . Lange kämpft' ich mit dem Dämon, der in meinem Busen flüsterte: „„Verbrechen oder Flucht"" . . . Da rafft' ich alle meine Kraft zusammen und entfloh, meinen Haß als einzige Habe in die Welt hinaustragend."

„Arme Beatrice," flüsterte die junge Patrizierin mit Thränen im Auge.

„Ja, arme Beatrice," wiederholte die Tochter
Camponero's, wie in sich versunken, „denn ich floh
das Verbrechen und fand . . . die Schande." . . .

„Allein war ich," fuhr sie nach einer Pause fort,
„und schön, und Hunger hatt' ich, und" — sie stieß
ein heiseres Lachen aus — „und bald hatt' ich keinen
Hunger mehr, und war nicht mehr allein." . . .

„Dies war Dein Werk!" fuhr Serpentina nach
einer Pause mit neuer Heftigkeit fort; „höre nun das
Deines Vaters! Er liebte meine Mutter, die durch
ihn zur Verbrecherin ward und ihren Verrath mit dem
Tode büßte. Mit dem Tode, hörst Du, und zwar
von meines Vaters Hand, der sie in den Armen Deines
Vaters traf!"

Gelsomina stieß einen Schrei des Entsetzens aus.

„Noch ist's nicht Alles, denn wisse, wenige
Wochen sind's, da sah ich nach mehr als zwanzig Jahren
meinen Vater wieder; ich rettet' ihm das Leben und
er — stieß mich zurück, weißt Du warum? Weil meine
Mutter ihn zum Cain gemacht und — weil ich ihr
Kind, und nicht das Seine!"

Serpentina sank erschöpft in den Sessel zurück.

„Glaubst Du," ermannte sie sich nach einer Pause
wieder, „daß die Summe des Unglücks, womit Ihr

meine Schultern beladen habt, genügt, um die Wohl=
thaten Deiner Mutter in meinem Herzen auszulöschen?"

Gelsomina beobachtete ein schmerzliches Schweigen.

„Und doch, siehst Du, erinnere ich mich heute, so elend
ich auch bin," fuhr Serpentina mit einem eigenthüm=
lichen Ausdrucke von Interesse fort, „nur dieser Wohl=
thaten allein. Troß dem Fluche, womit Dein Vater
meiner Mutter Andenken belastet, fühlt mein Herz
Mitleid mit Deiner Verzweiflung: denn Du liebst
heute den schönen Pater Resurrecturus, wie Du einst
Don Ruggiero di Santa Lucia geliebt, ist dem
nicht so?"

Gelsomina schwieg, die Stirn zu Boden gesenkt.

„Wenn Du wüßtest, was er leidet, Dein Ge=
liebter, tief unter der Erde, an die feuchten Wände
eines Felsenkerkers angeschmiedet, Du würdest vor
Schmerz vergehen. Die grausamsten Qualen hat er
schon erduldet, und wenn er lebt, so lebt er, um unter
der Folter zu verbluten."

„Halt ein!" schrie die unglückliche, junge Frau,
auf die Kniee sinkend, die Hände flehend emporge=
hoben.

„Und ich kann ihn retten, ich werde ihn retten,
den jungen Pater, wenn Du mir vertrauen willst,

denn ich will wenigstens meine Dankschuld an Deine
Mutter abtragen. Doch erzähle mir, wie es kam,
daß Du ihn wieder sahst, nachdem der alte Santa
Lucia den Sohn im Kloster vergraben, um dich ruhig
an Manifcalco verschachern zu können, da er durch
den Tod Deines Vaters Dein Vormund geworden."

Gelsomina erzählte arglos ihrer Jugendgespielin
ihre nächtliche Entführung durch die Leute Maniscalcos und ihr trauriges Leben im Hause ihres
Gatten. Mit glühenden Farben schilderte sie sodann
ihre Liebe zu Ruggiero, den sie nach einem Jahre
schmerzlicher Trennung wiedergefunden, ihre geheimen Zusammenkünfte im Cubapavillon, ihr verborgenes
Glück. Nachdem die junge Frau ihre Erzählung ge=
schlossen, sprach sie:

„Du siehst, Beatrice, daß ich dasselbe Vertrauen
in Dich lege, als vor Jahren. O sei großmüthig,
ich beschwöre Dich auf den Knieen, rette Ruggiero!
Ich bin entschlossen mit ihm zu fliehen, um ein stilles
Asyl auf einer gastlichen Erde zu suchen. Theile mir
das Geheimniß mit, das den Geliebten aus der Kerkernacht befreien soll, ich flehe Dich an, Beatrice!"

„Ein Geheimniß?" rief jetzt Serpentina, mit einem
wilden Hohngelächter sich plötzlich in die Höhe rich-

tend; „es gibt hier nur ein Geheimniß, dies ist das Deinige, das Du, Wahnbethörte, mir arglos überliefert haft. Zittre vor dem Weibe, dem die verfluchte Race der Montina das Herz vergiftet hat! Nieder auf die Kniee, Schuldbeladene!

„Was die Rettung Deines Buhlen betrifft," fuhr die Haßsprühende mit tönender Stimme fort, die Thüre nach dem Nebenzimmer aufreißend, „so wende Dich an diesen Herrn! Er hat Alles gehört, er ist allmächtig bei Deinem Gatten, flehe ihn um Gnade an für den Pater Resurrecturus, Deinen Mitschuldigen!" — —

Ludovico Chemici erschien auf der Schwelle des Gemaches, während Gelsomina vernichtet zurückgesunken war.

„He, Signor?" rief die Marchesina mit einem satanischen Gelächter; „diesmal war die Komödie besser gespielt als in der Matrice? Ihr habt nun das Geheimniß dieses Weibes, nehmet sie nun selber hin, die Makellose, sie ist Euer!"

Der Polizeicommissär jedoch, anstatt sich der halbohnmächtigen Gemahlin seines Vorgesetzten zu nähern, sprach mit eiskaltem Tone zu Serpentina: „Signora, Ihr irrt Euch zweifelsohne über die Ursache meiner Gegenwart in diesem Hause; meine Absichten sind

durchaus nicht verbrecherisch in Bezug auf Signora
Maniscalco, die Niemand höher schätzt, als Ludovico
Chemici. Beruhigt Euch, verehrteste Dame, es soll
Euch kein Leid geschehen, wir sind im Gegentheil hier,
um Euch zu beschützen gegen die Bosheit und Arglist —
dieses Ungeheuers!" setzte der Polizeibeamte hinzu, auf
Serpentina deutend.

Und in das Nebengemach tretend, rief er: „He,
Jungens, versichert Euch dieser Schlange; doch
verwahrt Euch wohl, ihr Biß ist vergiftet, wie
Natternbiß!"

Ein halbes Dutzend Polizeimänner brachen in das
Gemach ein. Draußen im Vorzimmer lag Zita geknebelt am Boden.

Ein unheimliches Lachen pfiff zwischen den Zähnen Serpentinas hervor.

„Ah, Chemici," höhnte sie, „Du spielst den Groß-
müthigen, Du kopirst die Helden der Antike? Armer
Narr! Ich wette, wenn ich Dir ein gewisses Papier
als Lösegeld anbieten würde, so möchtest Du Gnade
an dem kleinen Ungeheuer Serpentina üben."

„Ihr irrt Euch von Neuem," höhnte der Commissär
zurück; „jenes so kostbare Papier wird sich schon irgendwo
vorfinden; übrigens fürchte ich diese Waffe nicht, beste

Signora, sie ist eine von jenen Waffen, die sich gegen ihren Besitzer selbst kehren."

Und der Commissär winkte seinen Leuten, die an Serpentina herantraten, um sich ihrer zu bemächtigen. Diese schien seit einigen Augenblicken mit einem ge= heimnißvollen Unwohlsein zu kämpfen, bläuliche Schatten zogen über ihr Antlitz, das immer mehr zu einer starren Maske sich gleichsam zu versteinern schien, die blauschwarzen Augen standen groß, unbeweglich, glänzend mitten in dieser Marmormaske. Die Schergen mit einer leichten Bewegung abwehrend, machte sie langsam einige Schritte gegen Chemici und sprach:

„Um so besser für Euch, amico mio, denn diese Waffe, dies fatale Papier befindet sich zur Stunde in den Händen des Herrn Generalpolizeidirectors — —"

„Schlange!" zischte der Capitano.

„Und," fuhr die Tochter Camponeros mit einiger Anstrengung fort, „die nöthigen Erklärungen mit Be= nutzung des aus Euren Antecedenzien gezogenen Ma= terials sind beigefügt, wobei die Wechselfälschung zu Trapani nicht vergessen wurde. Im Viccariato habt Ihr eine schamlose Comödie gespielt, nachdem Ihr den Gefangenen Camponero gegen 5000 ducati

mittelst des gefälschten Entlassungsbefehles die Nacht
vorher in eigener Person in Freiheit gesetzt — —"

„Vipernzunge!" schäumte der Commissär, außer
sich vor Wuth auf die Tochter Camponeros zustür=
zend .... doch im Augenblicke selbst sich entsetzt
zurückwerfend, so grauenhaft unheimlich war der Aus=
druck dieses Gesichtes.

„Laßt mich enden," preßte sie mühsam hervor,
„die Augenblicke sind kostbar!" und sich zum Ohre des
Commissärs neigend, murmelte sie:

„Die 5000 ducati befinden sich in Eurem Schreib=
tische, den vor einer Stunde etwa Manifcalco in Per=
son hat erbrechen lassen, um die Beweise Eures Ver=
rathes in Händen zu haben ..... ich selbst habe sie
hineinschaffen lassen. Was meint Ihr, Don Ludovico
Chemici, von der Geschicklichkeit der — kleinen, tollen
Serpentina? Es ist ihr letzter Scherz!"

„Elende, Du lügst!" knirschte der Capitano, ver=
nichtet von dem teuflischen Genie seiner Gegnerin. „Die
Folter soll Dir mit dem letzten Tropfen Herzblut die
Wahrheit auspressen .... he, Jungens, knebelt Ihr
die Giftzunge im Gaumen fest, frisch zu!"

Ein krampfhaftes Hohngelächter brach aus der
Brust Serpentinas, die, ihren ganzen Körper in einer

Convulsion in die Höhe bäumend, unter einem gellenden Schrei das einzige Wort hinausschleuderte: „Gaëtano!"

Die Thür sprang unter Donnerkrachen auf, und auf der Schwelle erschien, bleich, schrecklich, verstört, der Mime.

„Serpentina!" schrie er mit einem Accente, der nichts Menschliches hatte, die wankende Geliebte mit einem Sprung in den Armen auffangend. Wie mitten in's Herz getroffen, war die Tochter Camponeros zusammengebrochen, die Augen quollen großoffen aus den blutunterlaufenen Höhlen, die Lippen bewegten sich schwach, die Arme schlugen einen Moment das Leere und der Körper fiel schwer zurück — — Beatrice Camponero war todt! — —

Zita hatte ihre 1000 Goldstücke verdient — das Gift hatte sein Werk vollendet! Voll abergläubischen Entsetzens wichen der Commissär und seine Akolythen zurück vor dem geheimnißvollen Erscheinen des Todes.—

Der Mime war der Länge nach über die Leiche hingestürzt und hatte sein dunkles Haupt in den weißen, nackten Busen — wo's jetzt so stille war — eingewühlt .... Niemand wagte es, ihn zu berühren, es war, als beschützte ihn die Todte mit der geheimen

Scheu, welche sie den schuldbeladenen Schergen ein=
flößte. Daneben kniete Gelsomina, das Haupt in
den Händen. — —

Plötzlich ward an die verschlossene Thüre gepoltert:
„Oeffnet, im Namen des Herrn Generalpolizeidirectors!"

„Ich bin verloren!" flüsterte Chemici, angstge=
lähmt in sich zusammenknickend.

Ein Paar donnernde Kolbenstöße und die Thür=
bretter flogen in's Innere .... Ein Mann erschien
auf der Schwelle, mittelgroß, von gebückter, lauernder
Haltung. Ein kurzer Matrosenbart umquoll wie
schwarzgraues Moos das ovale, kränkliche, rauchfarbene
Gesicht. Ein Paar schläfrige Augen von anscheinend
größter Harmlosigkeit zwinkerten aus diesem Gesicht her=
vor. Man mußte diese schlaffen Züge genauer studi=
ren, um zu begreifen, welch' eine unerschöpfliche Fülle
von naiver Grausamkeit und blutdürstiger Bonhommie
in jeder Falte verborgen lag. Dieser Mann, lange
Zeit der Vicekönig von Sicilien, war Giuseppe Ma=
niscalco, ein Mensch von der gemeinsten Herkunft,
Denkungsart und Bildungsstufe. Dies Ideal von
einem wahnwitzigen Menschenschinder trug einen ab=
geschabten, blauen Uniformsrock, ein kleines, schwar=

zes Sammetkäppchen und in der Hand ein dickes Ma-
nillarohr mit einem Silberknopfe.

Mit einem schnell aufflackernden Blicke hatte der
Generalpolizeidirector die ganze Scene überschaut.
Sich sodann mit einem zufriedenen Phlegma an einen
eleganten Herrn wendend, der ihn begleitete, ließ er
mit einer mißtönenden, verschleierten Stimme die
Worte fallen:

„Ihr habt mich nicht getäuscht, Don Magnifico
de Panatellas, wir finden hier das Nest voll; ein
guter Netzwurf bei meinem Haupte!"

Den Polizisten Chemici's herrschte er dann zu:
„He, Ihr Andern, was habt Ihr hier zu thun?"

Chemici, sich ermannend, trat vor, um zu
sprechen.

Manifcalco aber machte eine so häßlich abwehr-
rende Geberde, daß der Commissär unwillkürlich
zurückprallte.

„Nicht Ihr, amico," spöttelte Jener mit einem
eigenthümlichen, stillen Lachen, „seid gefragt; wir wissen
nur allzu gut, wozu Ihr gekommen wart." Und zu
den Schergen gewandt, rief er: „Antwortet!"

Einer der Sbirren versetzte: „Um eine Frauens-
person in Gewahrsam zu nehmen, Excellenza! Doch

es ist zu spät, sie hat schon ihren Vorsprung ge=
nommen in die Ewigkeit .... da liegt sie!"

Maniscalco näherte sich dem Leichnam, ohne
von seiner Gemahlin, die, an das Ruhebett angelehnt,
unbeweglich am Boden lag, die geringste Notiz zu
nehmen, berührte mit seinem Rohr den Körper Ser=
pentinas und fragte:

„Wer ist das Weib da?"

„Die Marchesina!" antwortete mit einem Ausruf
des Entsetzens Don Magnifico.

„Ah, die berüchtigte Marchesina?" rief der Polizei=
chef mit einem Lächeln; „ist Schade für den Signor
Chemici! Der Tod dieses Weibes spielt Euch einen
häßlichen Streich, Compadre; bei mir haben die Todten
immer Recht, Ihr wißt ... he, he!"

„Entfernt doch dieses Individuum hier," fuhr dann
Maniscalco fort, auf Gaëtano deutend; „und dann
schleppt mir diesen Körper weg und werft ihn in ir=
gend ein Loch! Ich kann den Anblick dieser Grimassen=
schneider nicht leiden; sie sehen immer aus, als hielten
sie Einen hinter einer Maske zum Besten — mit ihren
aufgerissenen Augen und ihrem verzerrten Lächeln.
Thut mir das Ding da aus den Augen!"

Und der Mann stieß den Leichnam mit einem unüberwindlichen Abscheu mit dem Fuße heftig von sich.

Ein Sprung, und Gaëtano war auf den Füßen; hochaufgerichtet stand er mit flammensprühendem Auge; eine blitzschnelle Bewegung, und die geballte Faust des Ruffiano traf den Polizeichef mitten in's Antlitz.

„Ah, Ungeheuer, Du entweihst die Todten!" donnerte eine Stimme in die Ohren des Getroffenen, vor dessen Augen es flammte und flimmerte ob des furchtbaren, urplötzlichen Schlages.

Er wollte sprechen, die Worte blieben von Wuth erstickt in seiner Kehle stecken; sein Rohr erhebend, führte er einen verzweifelten Schlag nach dem Ver= wegenen. Dieser jedoch, dem Schlage blitzschnell aus= weichend, war mit einem Panthersprung am Balcon= fenster, riß es klirrend auf und verschwand. —

Von der Wuth des Geschlagenen eine Schilderung zu geben, hat unsere Feder weder Worte noch Farben. Chemici hoffte einen Augenblick in der Stille, sein Herr und Meister werde im wahren Sinne des Wor= tes aus einander bersten, so schnell wechselten alle Farben auf dem Gesichte Manifcalcos ab. Die ersten Worte, die er mühsam zu stammeln vermochte, waren:

„Ein reicher Mann, wer mir den Verbrecher todt oder lebendig in die Hände liefert!"

Ein Halbdutzend Polizeihunde machte sich auf die Fährte.

„Mit meinen Nägeln will ich ihn zerfleischen!" murmelte mit entsetzlichem Ingrimm der Polizeichef, das Blut abwischend, das aus seiner Nase rieselte.

Sich sobann plötzlich an seine zahlreiche Beglei= tung von Blauröcken wendend, rief er in blinder Wuth: „Was lungert Ihr, faules Gesindel? Packt mir das ganze Gewürm hier auf und werft's in die Bastarda, brunter und drüber, hinein!"

Chemici wollte das Wort ergreifen und wagte „Excellenza — —"

„Maul halten, Kerl!" brüllte der Polizeidirector, mit seinem Stocke auf den Boden stampfend. „Schlange, die ich am Busen gesäugt, fort mit Dir, Deine Rech= nung ist klar! — Und die Dame da," lachte der Unhold, auf Gelsomina zeigend, „vergeßt nicht, werft sie mit in den Kasten drunten hinein!"

Die Häscher ergriffen Gelsomina . . . sie war ohnmächtig!

„Wird schon aufwachen durch's Rütteln," spottete der zartsinnige Gemahl.

14*

In wenigen Augenblicken waren Chemici und Gelsomina hinabgeschleppt. Don Magnifico schlürfte seine Rache Tropfen für Tropfen!

Plötzlich scheuchte ihn eine ironische Stimme aus seiner Ekstase: „Steckt mir diesen schlotterbeinigen Gecken hier mit in den Wagen; er hat benunzirt, so mag er mitbrummen; sein Gesicht ist mir ohnedem seit Langem schon mißbehaglich; fort mit dem Kerl!"

Der unglückliche Edelmann wehrte sich mit aller Kraft gegen die andrängenden Schergen, umsonst!

Wie so oft in dieser Jammerwelt voll Unbill und Ungerechtigkeit, ward auch diesmal die Unschuld mit dem Bösen in einem Netze gefangen. Der aufgebrachte Polizeidirector, der in diesem Augenblicke der erlittenen Schmach die ganze Stadt mit einem wahren Hochgenuß hätte einsperren mögen, erlaubte sich unten an der Treppe noch den besondern Genuß, dem gebundenen Don Magnifico de Panatellas einen mächtigen Fußtritt auf einen gewissen Theil seines Körpers zu verabreichen, diese bedeutsame Pantomime mit den Worten erläuternd:

„Da hast Du noch einen extra für Dich, Du Wicht, und vergiß nicht, daß, wer dem Teufel seine Hörner zeigt, sich seinen Bocksfuß muß gefallen lassen!"

Also sprach die geohrfeigte Excellenz und lachte mit furchtbarem Hohne.

Eine sogenannte „Bastarda" d. h. ein alter Marterkasten von Kutsche in vorsündfluthlicher Form, kieselhart, mit abgeblaßtem, mottenzerfressenem Utrechter Sammet ausgefüttert, mit majestätischen Bogenfedern und geschwärzter Vergoldung, ein ehrwürdiges Fuhrwerk, das einstmals einen fettleibigen Cardinal oder steifleinenen spanischen Gouverneur iu seinem Schooße gewiegt haben mochte, hielt vor der Thür. Wenige Augenblicke genügten, um das Arrestantentrio in dieser Polizeikutsche unterzubringen, worauf der Herr Generalpolizeidirector in sein bequemes Coupé stieg und der ganze Spuck unter zahlreicher Escorte dem Antonianathor zubrauste.

***

Sechszehntes Capitel.

Talisman.

Durch die Hauptstadt fliegt ein Gerücht, unglaublich, märchenhaft: Garibaldi ist in Marsala gelandet! Der sorglosen Legion der ungläubigeu Thomasse

antworten einige Pessimisten mit den unsinnigen De=
tails: Das ganze Bataillon in der Kaserne von
Marsala hat nach Catania Reißaus genommen, die
„Squadre" sind neugebildet und strömen in Massen
dem Feinde zu. . . . . . Wer glaubt denn derlei Am=
menmärchen?! . . . .

Ju der That ist's ein Feenmärchen, diese Lan=
dung, diese ganze Expedition Garibaldi's, des „Glück=
lichen," wie ihn Michelet einfach nannte. Von sei=
ner Abreise aus Genua in Kenntniß gesetzt, fahnden
die neapolitanischen Kreuzer überall nach den beiden
Dampfern, auf denen ein Häuflein Männer zur Er=
oberung eines Königreichs in die See gestochen. Um=
sonst! Da verlassen sie nur auf drei Stunden den Ha=
fen von Marsala, und der Stern Italiens führt die
Befreier während dieser Spanne Zeit hinein.

Kurz nur hatte der Sicherheitstraum der Ungläu=
bigen gewährt, und bald konnten die Thomasse ihre
Hände in die Wunden der Geschlagenen von Calata=
fimi legen, wo die „Regii" eine feste Position vor der
Tapferkeit der genuesischen „Bersaglieri" hatten räu=
men müssen.

Furchtbarer Ernst ward's acht Tage später, als
das Expeditionscorps feste Stellung faßte und zehn=

taufenb „Picciotti" zu Bataillonen formirte. An=
tonio Maratta hatte an dem Treffen von Calatafimi
Theil genommen. So lautete die letzte Post.

Am 21. ließen die Generale der königlichen Trup=
pen ein Siegesbülletin anschlagen, in welchem es hieß:
„Der Feind hat seine Stellung verlassen und retirirt auf
der Straße nach Trapani!" Da gab's gar viele Klein=
müthige unter dem beweglichen Volk der Palermita=
ner, und unter ihnen befanden sich Lilla und die Mut=
ter Antonio's. Am Abende dieses Tages war's leb=
hafter denn je auf den Gassen Palermos, denn trotz
Feind und Bulletins war's eben ein Maiabend, den
in Palermo nur Kranke und Lahme in der Stube
feiern. Auf der Pretoria war Alles Licht und Lärm,
und Lilla hatte in ihrer Erfrischungsbude alle Hände
voll zu thun. — Erst gegen Mitternacht verlief sich
die lärmende Menge etwas, die Schnarren der lieben
Gassenjugend verstummten, das Rufen der ambulan=
ten Verkäufer ward vereinzelter, und immer schwächer
wurde das nächtliche Straßenconcert von quickenden,
piependen, summenden, jobelnden, girrenden, jauchzen=
den und gellenden Tönen. Die junge „Aquacuola"
war gerade im Begriffe, ihre Bude zu verschließen,
als in einiger Entfernung eine gedämpfte Baryton=

ſtimme mit jenem weichen Accente, welcher den arnau=
tiſchen Dialekt der Leute von Piana und S. Criſtina
kennzeichnet, die wohlbekannte "Popolana"*) anſetzte:

„Ti vugghiu fari ridiri."**)

Lilla hielt inne und lauſchte; trauliches Geklin=
gel unterbrach den Sänger und ein ſchönes Maulthier
trabte von der Macqueda her dem Platze zu. Am
Eck hielt das Thier an und der Mulattiere, mit der
ſchwarzen, rothgefranzten Kopfſchärpe und dem kleinen
Mäntelchen der Albaneſen aus Piana, ſprang leicht
herab. Sich der Bube nähernd, ſprach er: „Einen
Trunk Sambuco, mit Verlaub, wenn's noch Zeit iſt,
Picciotta!"

Lilla fuhr überraſcht auf . . . . die Stimme kam
ihr gar bekannt vor. . . . . . Neugierig betrachtete ſie
den hübſchen, braunen Jungen, deſſen Geſicht zur
Hälfte unter einem ellenlangen, glänzend=ſchwarzen
Barte ſchwand. Dieſer lachte ſtill und flüſterte:
„Lilla!"

Das Mädchen ſtieß einen ſchwachen Schrei aus:
„Antonio!" — —

Ein halb Stündchen ſpäter finden wir den jun=

---

*) Romanze.
**) Ich möchte Dich lächeln machen.

gen Künstler zwischen den beiden Frauen sitzend. Das
war ein Fragen, ein Nimmersattwerden mit Zuhören,
Bewundern und Plaudern.

„Ja, meine Theuren, ich komme von Piana,"
sprach Antonio, „und zwar" — hier dämpfte er die
Stimme — „im Auftrage des großen Generals, der
die Königlichen tüchtig gefoppt hat. Wenn Ihr wüß=
tet, was das für ein Mann ist!"

„Sag' uns, wie er aussieht!" drängte Lilla. . . .

„Nichts Besonderes," antwortete Antonio, „so
auf den ersten Anblick. Mittelgroß, breitschulterig,
langes, blondes Haar, mit Silberfäden hie und da,
fahler, dichter Bart, mächtige, kahle Stirn, kornblaue
Augen voll Freundlichkeit, herzliches, ungezwungenes
Wesen, dies sind die Züge Giuseppe Garibaldi's für
Jedermann. Wer ihm aber naht, dem wird's im
Augenblicke offenbar, daß er vor einem Gewaltigen
steht. Die heitere Ruhe seiner Stirn, die durchdrin=
gende Sanftheit seines Blicks, die selbstbewußte, edle
Majestät seiner Züge, sein gewinnendes Lächeln und
vor Allem die tief vibrirende, wohltönende Stimme,
die schönste, die man hören kann, bringen einen über=
wältigenden Eindruck hervor, dem man sich nicht zu
entziehen vermag."

„O mögen ihn die Engel auf ihren Fittichen tra=
gen!" riefen begeistert die beiden Frauen, die Hände
faltend.

„Und wie er das Vertrauen der Seinigen zu
gewinnen weiß!" fuhr Antonio mit glühender Bewun=
derung fort. „Ich zweifle keinen Augenblick, daß
beim ersten Wort selbst die Königlichen zu ihm über=
gehen möchten. Nie, glaubt mir, hat ein Mann sein
Vaterland so glühend geliebt, wie er."

„So werden endlich unsere Ketten brechen!" rief
mit edler Gluth das junge Mädchen.

„Sie werden brechen!" bekräftigte Antonio, „denn
mit solchen Leuten, wie sie dem Helden folgen, ist eine
Welt zu erobern. Jeder Einzelne ist ein ganzes Hun=
dert Regii werth; Alle sind Freiheitsfanatiker, die dem
Tode lächelnd in's Angesicht schauen, um die Mär=
thyrerkrone unter den Augen ihres Abgottes fechtend,
der immer da am nächsten ist, wo die Gefahr am
größten."

„O möchte ihn unsere geliebte Padrona mit ihrer
Gnade beschirmen!" sprach, eine Thräne im Auge, die
edle Matrone.

„Seid ohne Furcht, theuerste Mutter," fuhr der
junge Patriot mit einem geheimnißvollen Lächeln fort,

„er ist gefeit und keine tödtliche Kugel kann sein gro=
ßes Herz erreichen....."

Die beiden Frauen machten eine Bewegung des
Erstaunens.....

„So ist's," fuhr der Künstler fort, „sein Schar=
lachhemb ist undurchdringlicher als Stahl und Eisen...."

„Ein Wunderkleid, womit die heilige Jungfrau
ihn beschenkt!" riefen die beiden Zuhörerinnen in
Ekstase.

„Niemand zweifelt daran," erwiderte Antonio
voll gläubiger Ueberzeugung, „denn Alle haben ihn nach
der Schlacht gesehen, wie er sein Kleid herunterzog
und schüttelte..... Was meint Ihr, das da aus
den Falten herausfiel?"

„So sprich doch, was fiel heraus?" drängten die
Frauen voll Ungeduld.

„Alle Feindeskugeln, die seine Brust getroffen
hatten, fielen da heraus. Es war eine hübsche An=
zahl; keine einzige hatte er gefühlt, der Wundermann,
und," schloß triumphirend der junge Künstler, „wollt
Ihr eine dieser Kugeln sehen?"

„Du hast solche Kugeln?" riefen die auf's Höchste
erstaunten Zuhörerinnen.

Der junge Mann öffnete lächelnd sein Sammet=

wamms und zeigte eine breitgeschlagene Kugel, als
Amulett an einem Faden mitten auf seiner nackten
Brust hängend.

„Ein Talisman!" rief Lilla entzückt aus, ihre
Lippen mit Inbrunst auf die gefeite Kugel drückend.

„Ihr habt Recht," fuhr Antonio begeistert fort,
„es ist ein Talisman! Alle, die solche Kugeln auf dem
Herzen tragen, sind unverwundbar, und alle Helden,
welche die Person des Generals umgeben und sein
höchstes Vertrauen genießen, tragen solche Amulette.
Das sind Männer! Garibaldi ist ihr Leben, ihr Athem,
ihre Sonne, ihr Heiliger! Welche Ergebung, welche
Begeisterung, welche Selbstverleugnung! Da ist ein
kleiner, kräftiger Alter, silberbärtig, unermüdlich, der
vor dem Zelte des Abgottes querüber schläft, um ihn
zu beschützen, sie nennen ihn Giusmardi. Ein Anderer, Frocianti mit Namen, ein gewesener Mönch, deckt
ihn im Handgemenge mit seinem Körper, und wieder
ein Dritter, er heißt Sirtori, verläßt ihn keinen Augenblick bei Tag und Nacht. Und so sind sie Alle, vom
Ersten bis zum Letzten."

Als die beiden Frauen hierauf den jungen Picciotto
über den Gegenstand seiner Sendung nach Palermo
befragten, gab er die Erklärung, daß es seine Aufgabe

sei, hundert entschlossene Männer zu einem Handstreich
gegen den Posten am Terminithor zu gewinnen und
auf das erste Zeichen von Außen bereit zu halten.
Ist es nöthig, hinzuzufügen, daß weder Lilla, noch
die Mutter in dieser gefahrvollen Mission eine Gefahr
für Antonio erblickten, seit er die „geweihte Kugel"
besaß?! —

Die Morgenstunde überraschte die plaudernde Familie. Nur mit Mühe entriß sich der Künstler den
Armen der Frauen, um seine Freunde aufzusuchen.
Schon an der Thür, drehte er sich plötzlich um, sich
voll Ungeduld vor die Stirn schlagend:

„Dacht' ich's doch, daß ich's vergessen würde ...
wir hatten uns so viele Dinge zu sagen!" Mit diesen
Worten griff er in die Tasche und zog einen Ring
hervor, den er seiner Geliebten hinreichte.

Diese betrachtete das Kleinod mit der größten
Aufmerksamkeit, als ob sie sich erinnere, es irgendwo
schon gesehen zu haben. Es war ein breiter, schwerer Goldreif von antiker Arbeit, mit einer weißemaillir-
ten Jasminblume geziert. Innen trug der Reif in
Emaille den Namen: „Gelsomina."

Kaum hatte Lilla den ihr so wohlbekannten Namen
gelesen, als sie mit der größten Verwunderung ausrief:

„Wo haft Du diesen Ring her, Antonio?"

„Kennst Du ihn?" fragte nicht minder erstaunt der Künstler zurück.

„Ganz genau, ich sah ihn sehr häufig an dem Finger der Signora Manifcalco, der Gemahlin des General-Polizeidirectors."

„Seltsam," bemerkte der Cameenschneider, „dann müßte Signora Manifcalco sich in Alcamo befinden."

„In Alcamo?!" rief die junge Aquacuola.

„Ohne Zweifel, und zwar im Kloster der Büße-rinnen, denn dieser Ring fiel vor meinen Füßen nie-der, als ich unter dem Gartenpavillon des Klosters vorüberging."

„In der That," murmelte Lilla, in Nachdenken versunken, „das wäre sehr möglich, denn seit einigen Wochen ist, sagt man, Signora Manifcalco verschwun-den. Einige behaupten, daß der General-Polizeidi-rector seine junge Frau, in Folge einer geheimnißvol-len Geschichte, während der Nacht in einer streng ver-schlossenen Kutsche ganz in aller Stille habe fort-schaffen lassen; wohin? Niemand wußt' es. Die Arme! Es scheint, daß sie in dem Kloster der Büßerinnen schmachtet. Ja, so muß es sein! Ich erkläre mir nur zu deutlich das Herabgleiten des

Ringes: es ist ein Hülferuf der Unschuldigen, die, wie es scheint, zu grausamen Büßungen verurtheilt worden ist. Die Superiora wird ihr erlaubt haben, in der vergitterten Loge des Gartenpavillons ein paar Augenblicke Luft zu schöpfen; sie weiß, daß Du mein Bräutigam bist, denn oft haben wir Beide von Dir gesprochen. Ohne Zweifel hat sie Dich erkannt — ich denke, Du hattest noch nicht das Aussehen eines Mulattiere?"

„In Wirklichkeit habe ich mir das Kostüm und den falschen Bart erst den folgenden Tag verschafft."

„Siehst Du?" fuhr Lilla eifrig fort. „Sie hat den Ring herabgleiten lassen, wohl wissend, daß er in meine Hände gelangen würde .... und bei unserer Liebe schwör' ich's, die unglückliche Dame soll sich nicht vergebens an Lilla gewendet haben; wir werden sie mit der Hülfe unserer geliebten Padrona befreien!"

„Aber wie gedenkst Du dies auszuführen, meine Seele?" fragte der junge Künstler. „Die Wege nach Alcamo sind jetzt in hohem Grade gefährlich, indem ein großer Theil der Truppen des Königs die Straße von Monreale und Partenico besetzt hält. Es ist an ein Durchkommen schwer zu denken."

„Noch weiß ich nicht," antwortete Lilla, „wie ich die Arme retten werde, doch die Madonna wird mir einen glücklichen Gedanken senden; ich flehe zu ihr für eine Schutzbedürftige, die so viele Leidende in der Nacht der Verzweiflung getröstet hat, denn Signora Manifcalco, Du weißt es, ist die Schutzpatronin der Armen Palermos." — —

Lilla hatte sich nicht getäuscht. Gelfomina war nach der erschütternden Kataftrophe in der Strabone in Folge der Geftändniffe, welche Chemici in Bezug auf das belauschte Liebesgeheimniß der jungen Frau feines Herrn abgelegt hatte, nächtlicher Weile in das feiner ftrengen Ordensregeln halber berüchtigte Klofter der „Penitenti" zu Alcamo fortgeschleppt wor= den. Die Superiora hatte die ftrengfte Weisung, der Büßenden die härteften Kafteiungen aufzuerlegen, ver= schärft mit Geißelungen, wie fie im Klofter an der Tagesordnung waren. Keine Sylbe durfte die Un= glückliche aussprechen, deren wundervolles Goldhaar ebenfalls als Sühnopfer der Buße dargebracht wor= den war. Ein glücklicher Zufall wollte, daß die Obe= rin, von dem leidenden Zuftande der ihr Anvertrau= ten beunruhigt, derfelben erlaubte, in dem Gitter= pavillon, der in den meiften Frauenklöftern Siciliens

exiſtirt, ein Bischen Mailuft zu ſchlürfen. Antonio
ging vorüber, Gelſomina erkannte ihn und — ließ den
Ring hinabgleiten. Ein Hoffnungsſchimmer! —

Siebenzehntes Capitel.

Letzte Prüfung.

Der Tag des Verhängniſſes für die Bourbonen=
herrſchaft in Sicilien war gekommen. Garibaldi hatte
Orſini nach Corleone geſchickt und durch dies Schein=
manöver die Truppenabtheilung des Generals Bosco
in eine arge Klemme gebracht. Er ſelbſt brach nach
Piana auf, verließ hier die Corleoner Landſtraße,
wie er früher die von Trapani verlaſſen hatte, und
ſchnitt nordöſtlich gegen Milismeri auf der großen
Meſſineſer Straße ab. Am 27. ſtieg er, nachdem er
auf dem Gebel Roſſo bivouakirt, die Engpäſſe von
Mezzagna herab, und am 28. mit Tagesgrauen griffen
die Guiden unter Tüköri und die Freiſchärler La Ma=
ſa's den Poſten an der Admiralsbrücke ein paar hun=
dert Schritte vom Florapark an, der ohne die voreili=
gen Evivas der Sicilianer überrumpelt worden wäre.

Dessenungeachtet waren die Befreier um sechs Uhr schon Herren des Terminithores, dessen starker Posten, von den Leuten Antonio Maratta's von dem Altmarkt her unvermuthet mit außerordentlicher Wuth angegriffen, den Zugang der Macqueda dem Feinde überließ.

Eine halbe Stunde später befand sich Garibaldi im Stabthause und die hundert Glocken Palermos heulten und brausten „Sturm" über die große Stadt. Ein ungeheurer Ruf: „Eviva l'Italia!" durchzitterte die Stadt, und in wenigen Augenblicken entbrannte an allen Ecken und Enden ein verzweifelter Kampf zwischen dem erbitterten Volke und den überraschten Soldaten des Königs, deren Hauptmacht noch in Monreale stand.

Um neun Uhr löste Lanza die Kanonen der Forts und überschüttete die Unterstadt mit einem Kugelregen. Die Verwüstung war grausig, doch um 5 Uhr Abends warf die zweite Colonne Garibaldi's die Königlichen am Carinithor und schnitt sie gen Norden in den Forts, gen Süden in der Königsburg von einander ab.

Auf dem Comitato an der Piazza Pretoria ward Giuseppi Garibaldi zum „Dictator" ausgerufen und eine provisorische Regierung eingesetzt.

Ungeheurer Jubel durchzog die Stadt. — —

Sternenblühende Mainacht! Die Waffen ruhen.
Myriaden von Lichtfunken glimmen zwischen den dunkeln, langhingestreckten Häusermassen der Oststadt, wo
die Insurgenten bivouakiren. Jetzt fliegt in hohem
Bogen eine Glühkugel von den Hafenforts und schießt
jäh herab, wie ein aus dem leuchtenden Himmelsge-
wölbe ausgebrochenes Gestirn, und zündet..... Still
nagt der Feuerwurm, düsterroth glüht's, Qualmsäu-
len wirbeln flammenbedeckt empor, bis endlich die
Feuerhose, sich hoch aufbäumend, ihre Flammenschwin-
gen schüttelt über Meer und Stadt.

Die Gebäulichkeiten des Vicariato-Gefängnisses
befinden sich unter dem Schutze der Fortskanonen zur
Stunde noch in den Händen der Königlichen, welche
die Nordweststadt inne haben, in der Hoffnung auf die
Hülfe der von Corleone erwarteten Truppencolonne.

Im Vicariato schmachtete der Pater Resurrecturus. Die Feder sträubt sich, die Leiden des jungen
Mönches zu erzählen, dessen Heldenmuth bereits der
ersten Folter getrotzt hatte. Manifcalco, der von
einem unauslöschlichen Hasse gegen diesen Gefangenen
beseelt schien, hatte die Operation in höchst eigener
Person dirigirt, ja sogar selbst dabei mit Hand angelegt.

Serpentina's Rachesaat war furchtbar blutig
15*

aufgeſchoſſen. Chemici's Enthüllungen nach der Ka=
taſtrophe in der Stradone waren kaum der Art ge=
weſen, die Lage des ſchönen Kapuzinerpaters zu ver=
beſſern. Zwei Feinde alſo hatte das teufliſche Genie
der Tochter Camponero's mit einem Schlage getroffen.
Jeder war in den Augen Maniſcalco's zweier Ver=
brechen ſchuldig; konnte er ſich auch von dem Einen
rein waſchen, ſo mußte ihn doch ſtets das Andere in's
Verderben ſtürzen. Chemici zeugte gegen den Mönch;
aber der Polizeidirector zweifelte, die Folter mußte
ſpielen. —

Um die elfte Nachtſtunde pochten zwei Männer,
in faltige Mäntel gehüllt, an ein niedriges Pförtlein,
welches von dem einſamen Gäßchen Del Zabar zum
Vicariatsgefängniß Zugang giebt.

Der Deckel eines Guckfenſters glitt zurück, eine
abſchreckend häßliche Maske erſchien am Gitter; die
Parole ward gegeben und die Thüre öffnete ſich ge=
räuſchlos. Bajonnette blitzten drinnen im Halbdun=
kel und die Männer traten ein, von Bruno, dem Ker=
kermeiſter, mit allen Zeichen der kriechendſten Unter=
würfigkeit empfangen.

„Alles bereit für Nr. 311?" flüſterte der Eine
der Beſucher.

„Nach Befehl, Excellenza!" lautete die Antwort Bruno's.

Die Wache präsentirte, und die drei Männer betraten den spärlich erleuchteten Säulengang nach links. Eine massive Eisenthüre bot sich dar mit der Inschrift: Souterrain Nr. 2. Bruno ließ einen scharfen Pfiff hören; zwei Atlethen in rothen Jacken mit boshaften Gorillalarven tauchten plötzlich aus dem Halbdunkel hervor. Der Eine trug einen großen Sack auf dem Rücken, der Andere eine Laterne. Ein Riegelknarren, das Thor stöhnte schwer auf, Finsterniß ward's; eine kaltfeuchte Luft wehte den Eindringenden entgegen; Friedhofstille herrschte hier, nur in einiger Entfernung hallte der ruhelos gleichmäßige Schritt einer Schildwache in den Wölbungen wieder.

Während die unheimliche Gruppe zwischen einer doppelten Kerkerzellenreihe fortschritt, raunte Bruno einer der Rothjacken in's Ohr:

„Compadre, wißt Ihr Etwas? Nr. 311. hat heute früh den „Erlöserorden" bekommen."

„Gratulire!" kicherte hämisch der Riese mit dem Sack.

„Taxfrei!" fuhr der Kerkermeister spöttisch fort.

„Eine ganz besondere Gunst!" schloß der An-

bere mit einer häßlichen Grimasse, und Beide erstick=
ten nur mit Mühe ihre furchtbare Heiterkeit.

Jetzt ward an einer Zellenthür Halt gemacht.
Nr. 311. Die Schlüssel knirschten, und die Män=
ner traten ein. Ewige Nacht war's hier. Die Quadern
an den Wänden glitzerten von Nässe. Eine mensch=
liche Gestalt kauerte regungslos auf dem nackten, feuch=
ten Boden.

Ein Tisch mit zwei Stühlen stand in einer Ecke,
darauf Schreibzeug und — zwischen zwei Kerzen — ein
schwarzes Crucifix. Der Gefangene schien unbeweg=
lich; vielleicht schlummerte er und träumte von fer=
nen, blumigen Gestaden, gold'nem Sonnenlächeln, ewi=
gem Frieden, süßer Liebe — —

Während Bruno die beiden Kerzen anzündete, stieß
der eine der Besucher den Schläfer mit dem Fuße
rauh an und schrie, ihm die Laterne mit ihrem grel=
len Lichtstrahl unter die Nase haltend:

„Wach auf, Du fauler Hund, es ist Zeit!"

Der Gefangene schreckte wild empor, daß die
schweren Ketten an Händen und Füßen erklirrten, und
starrte seine Besucher wie irrsinnig an.

Mit Mühe nur erkennen wir in dem schmerzdurch=
furchten Dulderhaupte die schönen Züge des Paters

Resurrecturus. Eine ganze Leidensgeschichte spricht
aus diesem Antlitze, im tiefglänzenden Auge lauert
düstre Fiebergluth, und die gebrochene, abgemagerte Gestalt bezeugt eine grausame Kreuzigung des Leibes und
der Seele.

Jetzt nahm der eine der Männer, in dem der Leser
bereits den General-Polizeidirector erkannt hat, am Tische
Platz, während der Zweite daneben stehen blieb.

Wir stellen ihn dem Leser als Andrea Pontillo,
Nachfolger Chemici's in der Gunst des Polizeichefs,
vor. Es war ein schlanker, bartloser, rosiger Jüng-
ling mit großen, blauen Augen. Manifcalco machte
eine Handbewegung, die beiden Acolythen Bruno's,
ihres Amtes Stockmeister und Folterknechte, rissen den
Gefangenen gewaltsam in die Höhe, entledigten ihn
seiner Fesseln, öffneten den eisernen Halsring, womit
er an die Wand angekettet war, und setzten ihn mitten in der Zelle auf den zweiten, bereitgehaltenen
Stuhl. Bruno fuhr sich vergnügt mit der Zunge
über die wulstigen Lippen, in Erwartung der Dinge,
die da kommen sollten. Manifcalco, der die Gewohnheit hatte, mit eigner Hand die Ergebnisse der
Folterprocedur niederzuschreiben, ergriff die Feder und
sprach mit verschleierter Stimme:

„Graf von Santa Lucia, Ihr seid des Hoch= verrathes angeklagt gegen den Staat und die Dynastie, bereitet Euch vor, zum letzten Male auf unsere Fragen zu antworten."

Ein schwaches Lächeln zuckte über die erschöpften Züge des Gefangenen.

„Wozu die Fragen?" murmelte er. „Ich bin müde, bis zum Tode müde, Ihr wollt mein Leben, nehmt es hin!"

„Gesteht Ihr," begann der Inquirent, ohne auf die Erwiderung des Angeklagten zu achten, „um die Existenz der geheimen Gesellschaft, die den Namen der Brüder der blauen Insel führte, gewußt zu haben?"

Der Pater Resurrecturus schwieg.

„Seid Ihr geständig," fuhr Manifcalco in der= selben Weise fort, „die verbrecherischen Absichten dieser Verbrüderung gekannt zu haben?"

Neues Stillschweigen.

„Gestehet Ihr," frug mit erhöhter Stimme der Generalpolizeidirector, „die hochverrätherischen Pläne dieser geheimen Partei mit Vorbedacht verheimlicht und verschwiegen zu haben?"

Keine Antwort.

Der Inquirent warf seinem Vertrauten einen

bedeutsamen Blick zu, den Dieser mit einem blutdürsti-
gen Lächeln beantwortete. Der Kerkermeister rieb sich
vergnügt die Hände.

„Bekennet Ihr Euch schuldig," begann nach einer
Pause Maniscalco wieder, „mit dieser Verbrecherrotte
gemeinschaftliche Sache gemacht zu haben zum Umsturz der bestehenden Ordnung und in feindseliger Absicht gegen die von Gott eingesetzte Dynastie?"

Das Auge des jungen Paters flammte auf. „Ja,
ich bekenne mich schuldig," antwortete er endlich, sich
stolz emporrichtend, „für Recht und Freiheit gegen
Bedrückung und Gewissensknechtung gestritten zu haben
im Verein mit edlen Männern, die meine Brüder
sind und dieselbe heilige Sache verfochten."

„Gut," sprach der Inquirent, mit einem häßlichen
Lächeln seine Feder auf dem Papier hinfliegen lassend.
Bruno's Züge verdüsterten sich: wenn der Angeklagte
zu mürbe wäre?! Es gäbe zu wenig Kurzweil. . . .

„Gesteht Ihr ein," fuhr Maniscalco dann, die
Feder wieder niederlegend, fort, „die geweihte Kanzel
mißbraucht zu haben, um dem Volke Aufruhr und
Ungehorsam gegen Gesetz und Herrscher zu predigen?"

Ein verklärtes Lächeln leuchtete über die bleichen
Züge des jungen Kapuziners, sein Auge fand für einen

Moment seine schwärmerische Gluth wieder, und mit
der Begeisterung eines Märthrers rief er aus:

„Ja, ich gestehe ein, im Hause des Herrn Liebe,
Duldsamkeit, Gnade und Menschlichkeit geprediget zu
haben; ich bekenne mich schuldig, mein Herz den Un=
glücklichen und Schwergeprüften geöffnet, mit ihnen ge=
weint, mit ihnen das Brod des Trostes gebrochen zu haben.“

„Bekennst Du auch Deine Schuld,“ fuhr der Po=
lizeidirector mit einem höhnischen Lächeln fort, „Du
Unglücksprophet, dem Volke den Umsturz aller bestehenden
Ordnung und eine bessere Zukunft versprochen zu haben?“

„Ich gestehe ein,“ antwortete ohne Zögern der
junge Mönch, „meinen leidenden Brüdern mit pro=
phetischem Worte von der neuen Morgenröthe des
niedergetretenen, blutenden Vaterlandes gesprochen zu
haben, von dem Tage, wo's in der tiefsten Kerker=
nacht ewiges, herrliches Licht werden wird!“

„Nur nicht für Dich!“ brüllte der Inquirent
zähneknirschend, „Du abtrünniger, eidbrüchiger Mönch!
Gestehst Du auch ein, ganze Nächte in einem Pavillon des
Cubaschlosses zugebracht zu haben ... mit einem Weibe?“

Pater Resurrecturus war wie vom Donner gerührt.

„Bekennst Du auch,“ donnerte der Ankläger mit
furchtbarer Stimme, „daß dies Weib das Weib eines

Anberen gewesen ist, der auch Dein Bruder war, Du heuchlerischer Lügenprophet?"

Der Mönch schwieg stille, sein Gesicht mit den Händen bedeckend.

„Ah, Du verstummst nun, Dein Redefluß ist versiegt, Du bist überwiesen, aber eines Verbrechens, dessen Du Dich nicht mit frecher Stirne rühmen kannst, wie der Aufwiegelei und des Hochverrathes, Du bleicher Sünder! Sprich, bist Du schuldig, bei Deinem Gott der Gnade und Vergebung, bist Du schuldig, Mönch?"

„Ich bin schuldig," murmelte kaum hörbar der Pater, der in diesem Augenblicke für Gelsomina die Seelenqual der gefallenen Engel erduldete.

„Und wirst Du bekennen, wer das Weib war, dessen Schritte Du auf den Pfad des Verbrechens geleitet hast?"

„Nie!" rief jetzt mit wilder Energie der Mönch, die Stirne erhebend.

„Nie?" wiederholte der Inquirent mit einem entsetzlich fragenden Ausdrucke.

Der Graf von Santa Lucia antwortete mit einem verächtlichen Lächeln auf die drohende Frage.

Eine Pause trat ein. „Er wird siegen, der blasse Pfaffe," flüsterte Bruno den Folterknechten zu, welche, dieser Scene mit sichtlicher Ungedulb beiwohnenb, vor sich hinbrummten: „Zur Sache, zur Sache!"

Ein unheilverkündendes Lächeln spielte auf den schlaffen Zügen Maniscalco's.

„Die Folter wird Dir Dein Geheimniß erpressen, Du Liebling der Frauen!" zischte höhnisch der Wütherich.

„Preßt mir den letzten Blutstropfen aus dem Herzen, reißt mir die letzte Fiber Fleisches aus, wüthet an meinem Leibe, wie Ihr wollt, nie, hört Ihr, nie soll meinen Lippen das Geheimniß der Liebe ent= schlüpfen!" rief der Mönch mit leuchtendem Auge.

Maniscalco winkte, die Folterknechte kramten ihren Sack aus. Bruno's Gesicht ging förmlich aus den Fugen vor Vergnügen. Bald hatten sie ein Paar eiserne Daumenschrauben, eine Schraubenwinde aus Draht, eine sinnreiche Wabenzerquetschungsmaschine, Zangen und anderen unheimlichen Plunder aus dem Sacke herausgezogen. Pontillo, der die ganze Zeit passiver Zuschauer der Inquisitionsscene gewesen war, prüfte jetzt mit Kennerblick die Marterwerkzeuge und sprach zu Maniscalco, auf die Daumenschrauben zeigend: „Diese Dingerchen hier sind dieselben, welche den Signor Chemici so zahm gemacht haben; es muß ein häßliches Gefühl sein, Eccellenza."

Die Eccellenza lachte still vor sich hin. Der
Pater Resurrecturus betrachtete mit ruhiger Gefaßt-
heit die Vorbereitungen zur Folter; seine Lippen nur
bewegten sich leise wie im Gebet.

Die beiden Henker faßten jetzt den Gefangenen,
um ihn festzubinden, während Bruno sich mit der
Daumenschraube näherte, — da ertönte ein gebieterisches
„Halt!" Die Rothjacken gehorchten mit Widerstreben.

„Ein Mittel giebt's," rief Manifcalco mit vibrirender Stimme, „Dein verwirktes Leben zu retten,
Graf von Santa Lucia!"

Der Pater Resurrecturus blickte den Inquirenten forschend an. „Ein Mittel?" sprach er ungläubig.

Pontillo lächelte unheimlich, die Henker schauten
sich fragend an.

„Nimm dies Kreuz," fuhr der Polizeidirector mit
erhöhter Stimme fort, das Kruzifix auf dem Tische
ergreifend — einen Augenblick hielt er inne — schon
streckte der Mönch die Hand aus. „Nimm es," fuhr
dann Manifcalco fort, „und tritt es unter Deine Füße,
Du falscher Priester!"

„Entsetzlicher!" murmelte der junge Mönch mit
einem Blick des tiefsten Mitleids auf den Frevler und,
die Hände erhebend, sprach er: „Herr, vergib Ihnen,

sie wissen nicht, was sie thun!" Dann fügte er, zu den Henkern gewendet, hinzu: „Thut, was Eures Amtes!"

Ein schallendes Hohngelächter brach aus der Brust Manifcalco's.

„Du haft es gewollt," rief er, „über Dein Haupt komme Dein Blut! Auf, Kinder, der Tanz mag beginnen!"

Die Folterknechte stürzten sich begierig auf den Inquisiten und warfen ihn zu Boden . . . der Kerkermeister trat herzu . . . plötzlich warf er den Kopf in die Höhe und horchte . . . ihm war's, als höre er ein Geräusch, wie ferne Wellenbrandung.

„Was zögert Ihr?" herrschte ihm Pontillo zu. Jetzt näherte sich Bruno der Thüre, öffnete sie ein wenig, taumelte jedoch in demselben Augenblicke, von einem heftigen Schlage getroffen, blutend zurück. Ein furchtbares Geheul folgte seinem Falle und ein Haufe bewaffneten Volkes, von Antonio Maratta und Lilla geführt, brach in den Kerker ein. —

Was war geschehen? Die Picciotti hatten unvermuthet das Gefängniß angegriffen, die Wachen überrumpelt und den ganzen feigen Troß von Beamten, Knechten und Schergen theils in die Flucht gejagt, theils niedergehauen. Lilla drang zuerst in das Büreauzimmer links vom Eingange und forderte, dem

Gefängnißinspector, an dem diese Nacht die Reihe zu
wachen war, ein Pistol vorhaltend, die Herausgabe
de. „Regiſtri.“ Der ſchlaftrunk'ne Beamte beeilte ſich
dem Verlangen nachzukommen und lieferte das große
Buch aus, in welchem Antonio nach kurzem Nachſchlagen
die Stelle fand: „Graf Ruggiero von Santa Lucia,
genannt Pater Reſurrecturus, Kapuzinermönch, den
zweiten April Morgens ein Uhr in den Katakomben
des großen Kapuzinerkloſters verhaftet. Bruder der
„blauen Inſel.“ Aufwiegelei, Wühlerei, Verbreitung
mazziniſtiſcher Ideen, Hochverrath. Souterrain Nr. 2.
Zelle Nr. 311.“ Ein großes, ſchwarzes Kreuz ſtreckte
über dem Namen des Gefangenen ſeine Arme aus.

„Auf, Kinder,“ rief Antonio dem bewaffneten
Volke zu, „nach den Souterrains, wo der Edelſte der
Männer ſchmachtet! Er ſei der Erſte, dem die Freiheit wiedergegeben werde, und dann öffnet alle Kerker,
alle Zellen, alle Verließe, daß alle unſere Brüder
als Rächer aus der Nacht emporſteigen mögen!“

Wenige Augenblicke ſpäter waren die Gänge der
Souterrains mit Bewaffneten angefüllt und die Schildwachen niedergemacht. Gerade im rechten Momente
hatte Bruno die Zellenthür geöffnet, um von ſicherer
Hand niedergeſtoßen zu werden.

Auf den Todesschrei des Kerkermeisters stürzten die beiden Inquirenten entsetzt nach der Thüre, doch war Flucht unmöglich. Die Folterknechte wurden von der Menge niedergetreten und hinausgeschleppt, Manifcalco war todtenbleich und zähneklappernd auf seinen Stuhl zurückgesunken, und nur Pontillo hatte Mannesmuth genug, den Wuthschnaubenden mit entschlossenem Blicke entgegenzutreten.

Die erste Bewegung der Insurgenten war, sich auf die beiden Polizeibeamten zu stürzen, um sie ebenfalls ihrer Rache zum Sühnopfer zu bringen, als eine Stimme ihnen zurief: „Genug des vergossenen Blutes, meine Brüder, haltet ein, im Namen des barmherzigen Gottes!" Es war der Pater Resurrecturus, welcher die Andringenden zugleich mit einer gebieterischen Geberde zurückscheuchte. Da stand der bleiche Mönch, die Hände hoch erhoben, das glänzende Auge mit magnetischer Kraft auf die langsam zurückweichenden Angreifer geheftet. Sein Körper deckte den blutdürftigen Unhold, der ihm noch vor wenig Augenblicken die grausamsten Qualen zugedacht hatte, und das rachedürstende Volk, welches meist instinktmäßig die edle, muthige That und ihren Werth fühlt, senkte den schon zum Todesstreich erhobenen Arm. Antonio brach zuerst die eingetretene Pause:

„Hochwürdigster Vater," sprach er, „ich weiß
nicht, ob Ihr gut handelt, diese schuldbeladenen Männer,
die so viele unserer Brüder grausam hingeschlachtet
haben, ihrem verdienten Geschicke zu entziehen? Sei dem
jedoch, wie ihm wolle, wir beugen uns Eurem Willen
und geben ihnen das Leben frei, doch unter einer Be=
dingung — wenigstens für den Signor Manifcalco."

Mit diesen Worten raffte der Geliebte Lilla's
Feder und Papier auf dem Tische zusammen und rief
dem kreidebleichen Polizeidirector gebieterisch zu:

„Schreibt!" Manifcalco ergriff zitternd die Feder.
Antonio dictirte:

„Ich der Unterzeichnete bekenne hiermit, in feiger,
infamer Art das Blut des edlen ficilianischen Volkes
vergossen und mich mit den entsetzlichsten Verbrechen
beladen zu haben. Als Sühnung meiner zahllosen
Attentate gegen Gut und Blut friedlicher Bürger habe
ich den schimpflichsten Tod verdient."

Manifcalco zögerte einen Moment, große Schweiß=
tropfen standen auf seiner Stirn.

„Seid ohne Furcht!" bemerkte verächtlich Antonio.
„Der Pater Resurrecturus hat um Euer Leben gebeten,
und ihm kann das Volk Palermos keine Bitte abschlagen."

Der junge Künstler dictirte weiter:

„Nachdem ich mein verwirktes Leben als Geschenk aus der Hand Eines meiner edelsten Opfer feige angenommen, verpflichte ich mich hiermit feierlich, in dieser Stunde die Insel Sicilien zu verlassen und nie mehr, unter welchen Umständen es auch sein mag, diese Erde mit meinem Fuße zu betreten.

Palermo, in der Nacht des 28. Mai 1860.

Giuseppe Manifcalco,

gewesener Königl. Generalpolizeidirector für Sicilien."

„Laßt ihn schwören auf's Kruzifix!" riefen einige Stimmen.

„Wozu?" fragte der junge Künstler mit einer Geberde des Abscheus, „was soll der gekreuzigte Gott im Munde dieses Mannes da?!"

Mit diesen Worten zog Antonio ein zweites Papier aus der Tasche, das schon beschrieben war. „Dies hier," flüsterte er dann dem Gemaßregelten zu, „werdet Ihr desgleichen mit Eurer Unterschrift versehen oder, trotz der Bitte des Kapuzinerpaters, zerschmettere ich Euch den Kopf mit einer Kugel!"

Manifcalco machte Miene, die vorgehaltene Schrift zu durchlesen.

„Eure Unterschrift!" knirschte Antonio — und der Polizeidirektor unterzeichnete.

Der Picciotto übergab darauf das Papier an
Lilla, die ernst und stumm dieser Scene beigewohnt hatte.

Achtzehntes Capitel.

Morgenröthe.

Ein ungeheures Jubelgeheul erschüttert die massiven
Gefängnißbauten des Vicariato. Alle Gefangenen sind
befreit und werden im Triumphe von der Menge hin=
weg getragen. —

Durch die Toledostraße wogte und fluthete das
Volk, einen Mann auf den Schultern tragend, der
mit gefalteten Händen zum leuchtenden Sternengewölbe
emporschaute. Im Feuerscheine einer Häusergruppe,
welche eine Zündkugel in Flammen gesteckt hatte, er=
schien hochgehoben das bleiche Antlitz des Paters Re=
surrecturus, von rother Gluth umgossen . . . und die
Menge jauchzte in wilder Freude!

Am Palazzo Manganelli angekommen, hielt der
Triumphzug plötzlich inne. Drohende Stimmen wur=
den hörbar, Verwünschungen und Flüche erfüllten die
Luft, ein entsetzlicher Schrei, ein Todesschrei durch=
gellte mit einem Male das Rufen und Toben.

16*

„Meine Brüder —!" ertönte die bewegte Stimme des Paters Resurrecturus von der Höhe herab, weithin schallend. Es war zu spät! Ein blutiger, verstümmelter Leichnam, den die rasende Menge unter schrecklichem Rachegeheul unter die Füße getreten, hin- und herge-zerrt und geschleift hatte, lag am Marmorportale des Palastes. Er trug die graue Jacke der Gefangenen des Vicariato.

Mit Mühe nur hätten wir unseren alten Be-kannten Chemici in dieser bluttriefenden, unförmlichen Masse erkannt; und doch war er es, den soeben das wüthende Volk unter den aus dem Gefängnisse Be-freiten entdeckt, verfolgt und hier am Palaste, den er bewohnt, mit furchtbarer Grausamkeit selbst gerichtet hatte.

Das Volk hat fürchterliche Instinkte von Ver-geltung und Gerechtigkeit; je größer seine Langmuth, je furchtbarer seine Rache, die sicher tödtet. — —

Vor Sonnenaufgang wurde an der Schanze Montalto, wo sich die Neapolitaner wie Verzweifelte wehrten, blutig gefochten.

Als die Sonne ihre ersten Strahlen über die goldne Muschel und das blaue Meer hingleiten ließ, erschien auf der Höhe der Schanze ein Mann, in dessen Hand das grünweißrothe Banner sich im Mor-

gensonnengolde entfaltete. — Mit fester Hand stieß
er die Fahne ein und sein Ruf ertönte: Viva l'Italia
una!" Dann brach er töbtlich getroffen zusammen.
Mitten in's Herz hatte ihn eine Kugel getroffen, den
Faden eines Amulettes entzweischneidend, woran eine
große, breitgeschlagene Kugel als Talisman hing.

In demselben Augenblicke stürzte ein junges Weib
von hoher Gestalt, ein Pistol in der Hand und einen
metallfunkelnden Schuppengürtel um die Lenden, zu
dem Niedergestürzten hin. . . . Einen Moment stand
sie hochschwebend neben dem wehenden Banner Italiens,
die Sonne umflocht ihre Stirn mit einem Flammen=
diadem, und die Brüder dann mit einer mächtigen
Geberde aneifernd, rief sie: „Es lebe die Freiheit!" — —

Verlassen war die Schanze und still lagen die Todten
in der Maiensonne. Bei dem gefallenen Antonio Maratta
kniete das junge Weib mit dem wunderbollen Sphinx=
antlitz, das Auge starr, thränenlos auf sein bleiches
Antlitz gerichtet. Der Todte lächelte, wie von einem
schönen Traum umfangen.

„O der Talisman!" murmelte Lilla dumpf und
tonlos.

Die Sonne stand hoch, und noch saß das
Mädchen unbeweglich; die Schatten des Pellegrino

neigten sich zur See, und immer noch lehnte das junge Weib an der Leiche; der müde Tag war in den Armen der Nacht entschlummert, am Montalto wachte Lilla beim Geliebten, welcher die Freiheit gefunden hatte!

„O der Talisman!" — —

Das Finanzgebäude in der Toledostraße mit 5½ Millionen Ducati ist in die Hände der Befreier gefallen, die Generale Lanza und Laetizia haben mit Waffen und Gepäck capitulirt, und die Kapuziner, mit mächtigen Spitzhauen bewaffnet, sind die Ersten, welche Hand an die Zerstörung der verlassenen Forts, dieser Zwingburgen der bourbonischen Thrannei, legen. „Eviva i preti!" ruft jauchzend das Volk, sich mit toller Wuth auf das Castello stürzend, um dem Beispiele der patriotischen Mönche zu folgen. — —

Ende Juni ist's, Palermo athmet auf und heilet seine Wunden. Am frühen Morgen schreitet eine Gruppe durch das Griechenthor links ab zum kleinen Hafen hin. Wir erkennen alte Bekannte. Der Pater Resurrecturus in schlichtem, schwarzem Kleide ist's, ein goldblondes Weib von großer Schönheit begleitet ihn, und eine tiefgebeugte Matrone, von einem schlanken Mädchen in tiefer Trauer gestützt, folgt dem Paare. Wundervoll ist der Sommertag, eine Luft voll bal=

samischen Entzückens! Der ernste Pilgerberg mit seinen nackten, kühn gerissenen Formen fluthet im Purpur; die Fischerbarken, die nach der Inselkette der Küste von Bagaria ziehen, erscheinen mit ihren aufgespannten Segeln wie große, rosige Vögel, welche sich auf der blauen Woge schaukeln. Ein kleiner Dampfer unter brittischer Flagge liegt im Hafen vor Anker. Schon weht über seinem schwarzweißen Rauchschlote der qualmende Federbusch, — eine Stunde noch, und das Schiff sticht nach seinem Bestimmungsort „Malta" in See.

Nach diesem Fahrzeuge pilgern die vier Personen. — Der Kapuzinerpater und Gelsomina haben im Hause Antonio's eine Zufluchtstätte gefunden. Von langer Krankheit genesen, fand Ruggiero eines Morgens einen Engel an seinem Lager ... eine wunderbare Vision ... Gelsomina, von der jungen Aquacuola aus dem Kloster befreit. Mit dem Ring und dem geheimnißvollen Papier, das Maniscalco mit so viel Widerstreben in dem Souterrain des Vicariato unterzeichnet, ausgerüstet, war es Lilla nicht schwer gewesen, die Befreiung der jungen Frau von der Superiora der Büßerinnen in Alcamo zu erlangen. Das Papier enthielt die Aufforderung an die Oberin, die Gefangene zur Stunde in Freiheit zu setzen, und zugleich leistete Ma-

nifcalco auf jeden Anspruch an die Person und das
Vermögen der Tochter des Grafen Montina, seiner
Gemahlin, für alle Zeiten Verzicht und verpflichtete
sich feierlich, dieselbe nie und unter keinerlei Umständen
zu beunruhigen!

Erschütternd war der Abschied! Als das Schiff
um die Spitze des Galitaforts bog, winkten die Freunde
sich den letzten, letzten Scheidegruß zu. . . . . Am
Quai stand Lilla mit der alten Mutter, die Hände gen
Himmel erhoben . . . mit überströmendem Antlitze!——

Beim Rosalienfest im Juli stiegen zwei Pilgerinnen
den steilen, felsengehauenen Pfad zur Kapelle der
Schutzpatronin empor. Plötzlich richtete sich Eine
der Frauen hoch auf, warf einen langen, trunkenen
Blick über Meer und Land, breitete die Arme aus und
sank — lautlos zusammen. Sie war todt, die Mutter
Antonio Maratta's, und Lilla drückte ihr die Augen zu. —

Auf der Piazza Pretoria existirte vor einigen
Jahren noch die schöne Wasserbube der allbekannten
Aquacuola mit dem Sphinxgesicht und den glänzen=
den Augen. Niemand aber hat sie seit dem Mai des
Jahres 1860 mehr lächeln sehen.

Von Fantasio Camponero hat man nie wieder
sprechen hören, und Maniscalco mit Consorten sind

ebenfalls spurlos verschwunden, ohne viel aus dem
Schiffbruche gerettet zu haben, denn das wüthende
Volk hat ihre Paläste und Besitzungen geplündert und
verwüstet. Don Magnifico be Panatellas geht heute
noch von der Macqueba bis zur Flora spazieren und
fraternisirt mit den Offizieren des Königs Victor
Emanuel, während der Ruffiano Gaëtano Palma
mit den Mylords der Albergo b'Albione die besten
Geschäfte — als Cicerone — macht, in welcher Eigenschaft
er auch dem Schreiber dieser Zeilen besonders nützlich
gewesen ist. Man kann von Allem mit ihm reden, nur nicht
von Serpentina ... denn im Augenblicke wird er düster wie
eine Gewitternacht, schweigsam wie ein Trappist. — —

Wer im Herbste des Jahres 1861 bei Turkino
im Hotel Bellevue zu Ras-Beirut einige Zeit zuge=
bracht hat, wird sich vielleicht eines interessanten Frem=
den in schwarzem, talarähnlichem Kleide erinnern, der
in Begleitung einer jungen Dame von seltener Schön=
heit, deren üppiges Goldhaar allgemeine Bewunderung
erregte, von Zeit zu Zeit an der Table d'hôte erschien.
Man nannte ihn den Grafen di Santa Lucia und er=
zählte sich die abenteuerlichsten Dinge über seinen
Aufenthalt in den unterirdischen Verließen Palermos.
Jedermann wußte, daß er mit seiner Begleiterin dem

eifrigsten Studium der arabischen Sprache oblag, in
der Absicht, eine Schule für unbemittelte Waisen von
bei dem Sommerblutbade des letzten Jahres zum
Opfer gefallenen Maroniten zu gründen. In der
That konnten einige Monate später Reisende, welche
die durch ihre Alpenromantik so berühmte Route von
Zaleh nach Beirut über den Djebel Sannin einschlu-
gen, den Fremden des Hotel Bellevue mit seiner Begleiterin in dem Dorfe Bekfeha wiederfinden.

Hier in einem schlichten Hause, zwischen Maul-
beerbäumen und Rebenlauben versteckt, am steilen Rande
der tiefgerissenen Schlucht des Nahr el Kelb lebt
heute der Pater Resurrecturus mit seiner geliebten
Gelsomina — freiwillige Verbannte! Ihre Liebe er-
setzt ihnen Alles: Vaterland, Freunde, Ehrgeiz, Welt-
genüsse. Tagtäglich sammelt sich um den weißen
Akazienbaum eine kleine Anzahl blühender Kinderge-
sichter aus den benachbarten Maronitendörfern, die
mit Begierde den Worten des jungen, schönen Paters
lauschen, der so sanfte Augen und ein so freundliches
Lächeln hat. Als Keime aller Wissenschaft und Lebenskunst
senkt der Pater in die jungen Herzen die goldnen Saamen-
körner der „Liebe, Duldsamkeit und Geistesachtung."

Ende.

Inhalts-Verzeichniß.

www.ingramcontent.com/pod-product-compliance
Lightning Source LLC
Chambersburg PA
CBHW020849270326